RĂSP
ȘI NEPRIET

MW01709980

P. Neamț,
30 XI 2011

De acelaşi autor:

Le droit roumain en matière de nationalité, Paris, 1940 (teză de doctorat în drept).

„Démétrius Cantémir, philosophe de l'Histoire", în *Revue des études roumaines*, XIII-XIV, Paris, 1974, pp. 65–90.

Civilisations et lois historiques. Essai d'étude comparée des civilisations, Mouton, Paris–Haga, 1975 (carte premiată de Academia Franceză); în româneşte, *Civilizaţii şi tipare istorice. Un studiu comparat al civilizaţiilor*, Humanitas, 1999, 2004, 2006, 2007.

„Les «grands boïars» ont-ils constitué dans les principautés roumaines une véritable oligarchie institutionnelle et héréditaire?", în *Südost-Forschungen*, Band XLVI, München, 1987, pp. 1–56.

Le Pays roumain entre Orient et Occident. Les Principautés danubiennes dans la première moitié du XIXe siècle, Publications Orientalistes de France, 1989; în româneşte, *Între Orient şi Occident. Ţările române la începutul epocii moderne*, Humanitas, 1995, 2002, 2005, 2006, 2007.

Les Aroumains (coordonator la operă colectivă), Publications Langues'O, Paris, 1989; în româneşte, *Aromânii – istorie, limbă, destin*, Editura Fundaţiei Culturale Române, Bucureşti, 1996.

Sur un passage controversé de Kékauménos. De l'origine des Valaques de Grèce, în *Revue roumaine d'histoire*, t. XXX, 1–2, pp. 23–66, Bucureşti, 1991.

O scurtă istorie a românilor povestită celor tineri, Humanitas, 1999, 2000, 2001, 2002, 2003, 2005, 2006, 2007, 2008, 2010, 2011.

Cum s-a născut poporul român, Humanitas Junior, 2001, 2002, 2003, 2005, 2007.

Mircea cel Bătrân şi luptele cu turcii, Humanitas Junior, 2001, 2003.

Mircea cel Mare (zis „cel Bătrân") şi luptele sale cu turcii, Humanitas, 2010.

De la Vlad Ţepeş la Dracula Vampirul, Humanitas Junior, 2003, 2005.

Însemnările lui Gheorghe Milescu, roman, Humanitas, 2004, 2011.

Există istorie adevărată?, Humanitas, 2004, 2006, 2008, 2009, 2011.

Amintiri din pribegie, Albatros, 2002; Humanitas, 2005, 2006, 2010.

Thocomerius–Negru Vodă, un voivod de origine cumană la începuturile Ţării Româneşti, Humanitas, 2007, 2009, 2011.

Războiul de 77 de ani şi premisele hegemoniei americane, Humanitas, 2008.

Amintiri şi poveşti mai deocheate, Humanitas, 2009.

NEAGU
DJUVARA

RĂSPUNS CRITICILOR MEI şi neprietenilor lui Negru Vodă

HUMANITAS
BUCUREŞTI

Redactor: Cătălin Strat
Coperta: Angela Rotaru
Tehnoredactor: Manuela Măxineanu
DTP: Florina Vasiliu, Dan Dulgheru

Tipărit la S.P. Bucureştii Noi

Descrierea CIP a Bibliotecii Naţionale a României
DJUVARA, NEAGU
Răspuns criticilor mei şi neprietenilor lui Negru Vodă / Neagu Djuvara. –
Bucureşti: Humanitas, 2011
ISBN 978-973-50-3272-2
94(498)

EDITURA HUMANITAS
Piaţa Presei Libere 1, 013701 Bucureşti, România
tel. 021/408 83 50, fax 021/408 83 51
www.humanitas.ro

Comenzi online: www.libhumanitas.ro
Comenzi prin e-mail: vanzari@libhumanitas.ro
Comenzi telefonice: 021 311 23 30 / 0372 189 509

Cuvânt înainte

Prezenta lucrare, cu alt titlu, sub o formă mai redusă și în altă ordine a capitolelor, apare și în savanta *Revistă istorică* editată de Institutul de Istorie „Nicolae Iorga", unde au fost publicate, în nr. 1-2, ianuarie–aprilie 2008, trei articole în urma colocviului „Țara Românească și Moldova în veacul întemeierii", ținut la 16 noiembrie 2007 și provocat tocmai de apariția cărții mele *Thocomerius–Negru Vodă*.

Această dublă întreprindere editorială țin s-o justific prin necesitatea imperioasă de a pune odată capăt, la noi, obiceiului mai mult decât secular de a se scrie o istorie românească „cosmetizată"; de a isprăvi odată cu mentalitatea că unele fapte sau aspecte din trecutul național trebuie minimizate sau chiar de-a dreptul ocultate, pe când altele, considerate mai onorabile sau glorioase, trebuie umflate peste măsură, în apreciere sau în stil. Cum de nu se vede că asemenea prezentare e profund dăunătoare atât împlinirii noastre în autenticitate ca ființă națională, cât și renumelui nostru în afară?

Ne tot plângem că nu ni se dă locul cuvenit în istoriografia europeană, dar nu vrem să ne dăm seama că suntem primii vinovați de această ocolire, prin minciunile mai mici sau mai mari cu care împănăm istoria noastră în tratatele şi manualele oficiale sau prin felul în care o prezentăm în limbi de circulaţie internaţională. Sunt apucături care au efectul diametral opus: ne exclud din marea familie a istoriografiei europene, adevărat caleidoscop, în care, desigur, alte ţări au păcatele lor. Noi însă numai de ale noastre suntem răspunzători şi de ele trebuie să încercăm să ne dezbărăm. Mi se obiectează, de cele mai multe ori, că vecinii noştri unguri sau bulgari, sau ruşi, sau alţii, fac asupra noastră afirmaţii viclene sau eronate. Desigur, dar la minciuni nu se răspunde cu alte minciuni! Dacă istoricii sau politicienii maghiari tăgăduiesc prezenţa unor populaţii române în Transilvania atunci când s-au infiltrat acolo ungurii sau minimizează importanţa lor numerică în tot Evul Mediu, e indispensabil să prezentăm în cărţile noastre toate dovezile şi indiciile care sprijină opinia contrară. La această operă indispensabilă nu trebuie însă asociată şi o vinovată ocolire a covârşitorului rol politic pe care nobilimea ungară şi elementul secuiesc l-au jucat timp de veacuri în trecutul Transilvaniei sau, de asemenea, a marelui rol economic şi cultural pe care l-au jucat coloniile săseşti din diversele părţi ale provinciei şi care au dus faima acelui Siebenbürgen în Europa Apuseană. Astfel de omisiuni au un efect de bumerang.

Când bulgarii afirmă că Dobrogea medievală a fost a lor, şi reamintesc, pe de altă parte, rolul pe care primul ţarat bulgar l-a jucat în organizarea bisericii noastre şi în introducerea limbii slavone în biserică, în cancelariile domneşti şi în toată vechea noastră cultură medievală, nu trebuie, în replică, să tăgăduim realitatea unei dominaţii bulgare la nord de Dunăre după prăbuşirea imperiului avar sub loviturile simultane ale francilor lui Carol cel Mare și ale bulgarilor. O asemenea eroare au făcut-o și Iorga, și bizantinistul Nicolae Bănescu. Opinia contrară, susținută de P.P. Panaitescu, s-a dovedit cea corectă nu numai prin argumente logice, ci și printr-o seamă de descoperiri arheologice (descoperirea, în regiunea Sibiu, a unui mormânt tipic de *boljar* protobulgar, cetatea Slon de pe valea Teleajenului, considerată tipică pentru cetățile protobulgare etc.). De altfel, în opinia mea, argumentele logice în favoarea unei efective stăpâniri bulgare la nord de Dunăre ar trebui să fie suficiente: adoptarea de către micile formațiuni prestatale slavo-românești, în secolele al IX-lea și al X-lea, a ierarhiei bisericești bizantine în limbă slavonă și a alfabetului chirilic îmi pare imposibil de explicat prin „osmoză“ între nordul și sudul Dunării. Apare astfel că opinia distinșilor adversari ai unei stăpâniri bulgare asupra ținuturilor noastre era comandată subconștient de acel blocaj de fals patriotism. Dacă și marele Nicolae Iorga a fost inhibat de acea opreliște psihologică, ne dăm seamă de gravitatea acestei metehne obsesive pe plan național! Fără o stăpânire bulgară la nord de Dunăre în veacurile al VIII-lea și al IX-lea, prezența pe lungă durată a limbii slavone în Biserică, printre boieri și apoi în cancelariile voivodatelor, hăt până în plin veac al XVII-lea, apare un fenomen inexplicabil.

Cazul negării originii cumane a lui Basarab Întemeietorul e doar cel mai elocvent exemplu al acestei obsesii. Faptul că Nicolae Iorga poate scrie, în 1927, „Numele [Basarab] e cuman. *Dar numai numele?*“ – și nu mai repetă întrebarea zece ani mai târziu în monumentala *Istorie a românilor* e teribil și caracteristic pentru această maladie națională. Degeaba am încercat eu, în cartea *Thocomerius–Negru Vodă*, să arăt că după prăbuşirea imperiului roman şi începutul invaziilor barbare, întâi germanice, apoi turanice şi arabe, *nici un stat încropit în Europa din noul amalgam, de la Atlantic la Ural, nu a fost întemeiat de o vreo dinastie ieşită din vechea populație băştinaşă şi sedentară, ci toate, fără excepție, de câte un „erou" ivit dintre barbari*. Românaşii noştri, mândri ca brazii, țin morțiş să fie excepția. Thoctomer şi Basaraba au fost români neaoşi.

Reamintesc succint ceea ce am spus în *Thocomerius–Negru Vodă* privitor la apariția statelor europene în Evul Mediu: dacă o luăm, în Europa, de la apus la răsărit, primul regat puternic înființat pe un fragment din imensul imperiu roman a fost, în Galia, la sfârşitul veacului al V-lea şi începutul celui de al VI-lea, cel al lui Clovis (Chlodvec sau Chlodovec), căpetenia francilor salici, trib germanic. Primul regat al Spaniei întregi a fost fondat, la începutul secolului al VII-lea, de vizigotul Swintila – al cărui nume e fără îndoială înrudit cu slavul Vintilă al nostru. Regatul nordului Italiei a fost creat de longobarzi, care şi-au lăsat numele regiunii, Lombardia. Insula britanică, populată de celți, ale căror rămăşițe se disting până şi azi în Irlanda, Cornwall, Țara Galilor, Scoția, a fost „descălecată" de popoare germanice, angli, saxoni, danezi – anglii lăsând numele lor viitorului stat medieval. Legendarul Wilhelm Tell al Elveției, contemporan (1291) cu Negru Vodă al nostru, ca şi tovarăşii săi mai sigur dovediți din văile Uri, Schwyz sau Unterwald nu sunt nici ei din vechile populații băştinaşe (din care n-au rămas până azi în Elveția decât vorbitorii de romanșă), ci dintr-o populație germanică invadatoare.

Alt aspect al Europei medievale care nu-mi pare a fi fost destul remarcat e că nici popoarele slave, dintre care o ramură sudică a intrat în netăgăduit amestec cu populația valahă din spațiul nostru, n-au constituit state în evul mediu prin fapta unor șefi din rândurile lor. Se datorează pesemne faptului că enorma migrațiune seculară a slavilor, de undeva din centrul actualei Rusii către Europa Centrală și de Sud, n-a fost o năvală de nomazi călări, ci o mișcare lentă a unor populații agricole în căutare de noi pământuri. Apucăturile războinice slavii nu le-au căpătat decât cu vremea, alături de dominatori turanici ca avarii sau protobulgarii. În Moravia, primul regat a fost constituit de un general franc trimis de regele Dagobert al Franciei ca să-i ajute pe slavi în răscoala lor împotriva avarilor și care s-a făcut regele lor. În Croația și Serbia au fost aristocrații dominante de origine scită sau sarmată (*serboi* și *choravatoi*, pomeniți de texte grecești mai vechi la nord de Marea Neagră). În Rusia și Polonia au fost negustori-războinici scandinavi, numiți varegi (*rus* era un trib scandinav). În sudul Dunării au fost protobulgarii, de limbă türk.

Dar, *mirabile visu*, din toată Europa, numai valahii, locuitori în spațiul carpato-dunărean, ar fi fost în stare să dea un întemeietor de țară care să fi fost un jude sau cneaz sau voivod, pământean al locului de o mie de ani. E dureros de constatat că atâția intelectuali de mare valoare pot să respingă obstinat, și uneori violent, simpla realitate universală, că, la începutul unui nou ciclu de civilizație, numai năvălitorul agresiv e creator de noi entități statale, nicăieri băștinașul sedentar.

Pentru a combate cusurul național al înfrumusețării trecutului nu trebuie să ne oprim însă la singurul caz al întemeierii Țării Românești. De vreo 20 de ani, mai mulți istorici din noua generație, în frunte cu Lucian Boia, au întreprins o lăudabilă campanie împotriva miturilor naționale... sunt mai multe! Cartea de față se înscrie și ea în această luptă pe front larg, pentru a fi un îndemn către mai tinerii istorici de a se dezbăra cu totul de vechiul nărav al istoriografiei cosmetizate. Voi trece în revistă mai jos și alte aspecte în care *Vulgata* istoriei noastre oficiale pare intangibilă.

În privința epocii lui Mihai Viteazul, de pildă, se lasă în umbră sau se tăgăduiesc orice semne sau amănunte care pun la îndoială planificarea unirii Țării Românești cu Ardealul și Moldova. Vremelnica realizare a acestei minuni e prezentată ca împlinirea unui plan al lui Mihai și a unui vis al întregului neam „de la Nistru pân'la Tisa" – ceea ce, raportându-ne la acea vreme, e vădit un neadevăr. Apoi nu se arată destul flagranta ostilitate a nobilimii maghiare, care, în ochii împăratului de la Praga, reprezenta o putere însemnată. Nici ostilitatea lui Rudolf al II-lea la preluarea de către Mihai a titlului de principe al Transilvaniei nu e destul subliniată. Or numai această împotrivire explică drama finală din Câmpia Turzii, la 9 august 1601. Mercenarul albanez Gheorghe Basta n-ar fi îndrăznit din proprie inițiativă să purceadă la uciderea lui Mihai. Dacă te atingi însă cu un fir de prezentarea figurii lui Mihai, așa cum s-a cristalizat în *Vulgata* istoriei naționale, ești un antipatriot.

Mai aproape de noi, în istoria noastră contemporană, sunt de asemenea momente a căror prezentare e intangibilă. Iau numai două exemple dintre multe: în nici un tratat sau manual de istorie n-am găsit puse la îndoială justificarea anexării Cadrilaterului în 1913 sau necesitatea ineluctabilă de a semna pacea de la București cu Puterile Centrale la 7 mai 1918. Eu am îndrăznit să susțin că anexarea unei bucăți din teritoriul statului bulgar, la pacea de la București din 10/23 august 1913, a fost o enormă eroare, care a stricat o vecinătate prietenească milenară și ne-a creat un dușman implacabil la granița de sud, iar, un an mai târziu, în complexul izbucnirii Primului Război Mondial, *ne-a dat frontiera militară potențial cea mai lungă din toate fronturile de război* din Europa, deci cu neputință de apărat. Repet: n-am găsit acest adevăr pomenit în nici un manual de istorie. E drept că „glorioasa achiziție“ a fost aplaudată atunci de clasa politică aproape în unanimitate, liberalii regretând doar că nu fusese fapta lor, ci a unui guvern conservator! Mi se pare însă îngrijorător că și după aproape o sută de ani și după constatarea urmărilor nefaste ale gestului, în 1916, apoi în 1940, istoriografia română continuă să prezinte acest gest ca pe o hotărâre justificată. Justificarea cel mai adesea invocată e că ne trebuia un teritoriu unde să colonizăm aromâni din nordul Greciei. Dar nu era și asta o mare greșeală față de adevăratul interes al aromânilor așezați în acele meleaguri de 2 000 de ani? Interesul major n-ar fi fost oare să trecem în tratatul de la București din 1913 o clauză creând o obligație precisă pentru Grecia, Serbia și Bulgaria de a respecta identitatea alogenă a aromânilor şi de a favoriza ocrotirea limbii şi datinilor lor ancestrale? Noi am acţionat atunci nu în interesul acelei entităţi, ci în interesul nostru, de a aduce pe teritoriul României cât mai mult din acea excepţional de harnică populaţie!

La fel cu dilema care s-a pus guvernului şi ţării în decembrie 1917–ianuarie 1918: oare trecem de la faza armistiţiului (care ne-a fost impus de hotărârea comandamentului suprem rusesc) la faza de negociere a unei păci cu Puterile Centrale, sau riscăm continuarea ostilităţilor, retrăgând armata noastră intactă, în „arici", către Odessa, împreună cu guvernul şi regele? Această dilemă, tranşată, după cum se ştie, în favoarea negocierilor de pace, nu găseşte în tratatele şi manualele noastre de istorie – îmi pare că nici în disputele de presă – nici un ecou în favoarea opiniei contrare, susţinute în epocă de regina Maria (remarcabil „cap politic") şi de Take Ionescu cu un grup de partizani. Peste tot ne e prezentată hotărârea lui Ionel Brătianu şi a lui Averescu ca fiind cea corectă şi ineluctabilă. (Eu aş semnala, pe deasupra, că părerea pesimistă a remarcabilului general Averescu era în tradiţia militară: militarii „de meserie" nu judecă o dilemă politică decât în termeni strict militari; nu admit o hotărâre aventuroasă, adică având cele mai mici şanse de reuşită, dar de largă viziune politică de viitor – vezi atitudinea militarilor francezi în 1940, cu excepţia lui de Gaulle, care era, de fapt, un mare cap politic rătăcit în cariera militară!) Eu am susţinut în toate cărţile mele, de când m-am încumetat să scriu istorie românească, opinia că o rezistenţă armată undeva în jurul Odessei nu era o utopie, când ştii acum că, la doar vreo şase săptămâni după semnarea, la 7 mai

1918, a dezastruoasei păci de la București, soarta armelor s-a întors subit în favoarea Aliaților. Aduc în sprijinul acestei păreri divergente aventura extraordinară a „coloanei cehe", de fapt o adunătură de 100 000 de foști prizonieri slavi din Austro-Ungaria, care au izbutit, sub comandă improvizată, să pună mâna pe transsiberian și să ajungă, după luni și luni de luptă, în plină revoluție bolșevică, din fundul Siberiei până în Cehia. N-ar fi putut împlini o minunăție similară o armată organizată și experimentată de 300 000 de oameni? Ipoteza e recuzată de toți istoricii și foarte rar pomenită în manuale sau în tratate de istorie. După cum nu se pomenește nicăieri că, datorită semnării păcii de la București, Aliații au considerat corect din punct de vedere juridic că tratatul semnat la 17 august 1916 de România cu Franța, Marea Britanie, Rusia și Italia pentru intrarea României în război devenise caduc, conform unei clauze a tratatului, și deci promisiunile privitoare la Transilvania, Banat, Bucovina trebuiau din nou negociate. Obstinația lui Ionel Brătianu de a nu admite verdictul juriștilor celor cinci Puteri Aliate a fost principala cauză de întârziere cu mai bine de un an a semnării unui tratat de pace cu Ungaria.

Alt obicei generalizat, foarte supărător, e încetineala, dacă nu chiar îndărătnica reticență cu care sunt acceptate, în tratatele de istorie și în manuale, noile descoperiri bine documentate. Astfel, de pildă, sunt zeci de ani de când Ștefan Gorovei, azi cel mai iscusit cercetător al începuturilor voivodatului Moldovei, a stabilit cu argumente greu refutabile că trebuia înaintată data „descălecării" Moldovei. De atunci nici un tratat sau manual oficial nu s-a înduplecat să preia noutatea sau cel puțin s-o menționeze ca pe o nouă opinie, vrednică de a fi comentată. La fel în alt caz: în toate cărțile noastre în care se arată câte o frescă sau vreun portret al lui Neagoe Basarab apare o curioasă figură cu totul deosebită de celelalte imagini ale lui Neagoe; e vorba de un portret pe lemn aflător la Mânăstirea Dionisiou de la Muntele Athos, unde ar fi Neagoe cu un ciudat bonet și însoțit de fiul său. De mai bine de zece ani, distinsa cercetătoare Tereza Sinigalia a adus dovada irefutabilă – deoarece a descifrat pe acea pictură însemnarea „Petru“ și, la fiul său, „Iliaș“ – că nu era portretul lui Neagoe. E, așadar, portretul lui Petru Rareș, cu fiul său Iliaș. A apărut de atunci acest portret în zeci de cărți, tot cu indicația: „Neagoe Basarab cu fiul său Teodosie“.

Cazul lui Daniel Barbu e și mai izbitor. Sunt și aici zeci de ani de când a susținut, într-o carte și în mai multe articole, că Nicolae Alexandru Voivod a trecut în 1359, din motive politice, de la catolicism la ortodoxie, venind cu argumente temeinice în susținerea tezei sale. Cel mai convingător argument e acela, sprijinit de două fapte contemporane din țări vecine, că nu se găsesc exemple de *schimbare de nume în cursul domniei* decât acolo unde sunt însoțite de o schimbare de confesiune. Teza îi „deranjează“ pe apărătorii Vulgatei istoriei naționale. Să susții că primii voivozi Basarabi ar fi fost botezați în ritul apusean e un gest antinațional, aproape o blasfemie. Atunci chestiunea e îndată acoperită cu un strat gros de nisip, ca să fie înmormântată pe veci. Deci nici măcar nu se deschide discuția. Arma imparabilă: *silentium perfectum*.

În sfârşit, vreau să semnalez un ultim cusur deseori întâlnit, cu efecte nefaste şi înăuntru, şi în afară: exagerarea bombastică a victoriilor dobândite de români, exagerare uneori în măsură să prefacă un adevăr în minciună. Voi da, mai jos, un singur exemplu, dar e departe de a fi singurul.

În 2009 a apărut la Editura Roza Vânturilor un volum de 700 de pagini intitulat *Mircea cel Mare, scutul Europei*. Şase autori înşiră 17 articole în care îşi aruncă mingea unul altuia pe aceleaşi subiecte, cu rezultatul că fac această carte cvasiilizibilă, în ciuda marelui interes al subiectului. O singură excepţie, articolul lui Radu Şerban Vergatti, izolat şi coerent. E păcat, deoarece şi Alexandru Diţă, şi Dan Zamfirescu vin de pildă cu dovezi irefutabile că bătălia de la Rovine (sârb. *na rovinah*, deci, *recte*, la *rovini*, adică la şanţuri) a avut loc la 17 mai 1395 şi că nu a existat o primă bătălie în octombrie 1394, cum au continuat să scrie mai mulţi distinşi istorici – după care m-am luat şi eu în cartea ilustrată pentru copii *Mircea cel Bătrân şi luptele cu turcii*. Era într-adevăr dovedit de toate cronicile turceşti că sultanul Baiazid n-a trecut la nord de Dunăre decât o dată, iar lucrarea unui istoric sârb, acum câteva zeci de ani, adusese dovada că data de 10 octombrie 1394 rezulta dintr-o greşită lectură a unei pietre tombale. Nu rămâne deci valabilă decât data de 17 mai 1395, aflată în două documente bisericeşti, la Athos şi la Constantinopol, privitoare la moartea a doi despoţi sau cneji sârbi căzuţi, ca vasali, în rândurile armatei turceşti. Faţă de aceste noi argumentări, eu am publicat la Editura Humanitas o nouă ediţie a cărţii ilustrate pentru copii, în care am schimbat întreg capitolul final al cărţii, ca să ţin socoteală de dovezile aduse de articolele domnilor Diţă, Zamfirescu şi Vergatti.

De ce oare asemenea lucrări valoroase trebuie să aibă la noi şi o latură în măsură, cum am zis mai sus, să prefacă un adevăr în minciună? Această latură este exagerarea enormă a exclamaţiilor de triumf însoţită mai totdeauna şi de mascarea evenimentelor adiacente faptului lăudat care nu convin. Astfel, în cazul prezent, Dan Zamfirescu va afirma că victoria de la Rovine este cea mai mare victorie dobândită vreodată de un suveran creştin împotriva turcilor, afirmaţie inutilă şi exagerată chiar în comparaţie cu împlinirile unui Iancu de Hunedoara sau unui Ştefan cel Mare, ca să nu împingem căutarea de exemple până la Jan Sobieski sau la Eugeniu de Savoia. Mai grav însă, fiindcă autorul omite să ne spună că Baiazid, cu toate că s-a retras peste Dunăre cu cetele sale de fugari, a lăsat în urmă un contingent suficient ca să-i îngăduie unui adversar al lui Mircea să ocupe scaunul domnesc. E vorba de Vlad, fiul lui Dan I, fratele mai mare al lui Mircea, care domnise înaintea lui. Acest nepot al lui Mircea a primit în istoriografie porecla de Vlad Uzurpatorul, ceea ce nu e justificat, deoarece nefericitul nostru sistem succesoral îi dădea drepturi egale cu ale lui Mircea la scaunul domnesc. Şi Vlad I îl ocupă efectiv, fiind în măsură să ne lase de acolo hrisoave şi zapise până la sfârşitul lui 1396; în aşa măsură, încât a fost recunoscut domn al Ţării Româneşti, mai întâi de regele Poloniei, apoi chiar de Sigismund al Ungariei, suzeranul domnului muntean! Aşadar, *după extraordinara izbândă de la Rovine, Mircea şi-a pierdut tronul*... Domnul Zamfirescu, după ce a trâmbiţat că victoria lui Mircea împotriva turcilor era cea mai mare din toată istoria imperiului otoman, nu spune o vorbă despre îndepărtarea lui de pe tron. În realitate, nu ştim precis dacă Mircea a păstrat controlul unei părţi din Muntenia sau a căutat refugiu în Transilvania. Fapt cert, dovedit cu multe documente, este că se afla în septembrie 1396 în cruciada de la Nicopole alături de Sigismund, cu o mie de cavaleri (după unii chiar 3 000), Sigismund care va încerca în zadar să-l impună pe Mircea cruciaţilor occidentali (comandaţi de înfumuratul Jean, zis mai târziu Jean sans Peur, fiul ducelui Burgundiei, *„le grand duc d'Occident"*), ca avangardă a atacanţilor, întrucât cunoştea tactica de luptă a otomanilor. Urmarea paradoxală a dezastrului creştin de la Nicopole (28 septembrie 1396) e că Mircea, care-şi pierduse tronul după victoria de la Rovine, îl redobândeşte, cu ajutorul voivodului Transilvaniei, după dezastrul de la Nicopole! Nimic din toate aceste mari şi stranii evenimente nu apare în *grandilocventa scriere a dlui Zamfirescu*, care, astfel, izbuteşte să îndeplinească minunata ispravă de a face dintr-un adevăr luminos o curată minciună.

Din nefericire, scofala domnului Dan Zamfirescu, privitor la Rovine, nu e singura de acest soi în istoriografia noastră. Ar fi cazul să-i îndemnăm pe mai tinerii noştri istorici care doresc să se dezbare de unele păcate ale înaintaşilor să preia ca deviză sentinţa lui Verlaine în arta sa poetică: *Prends l'éloquence et tords-lui son cou* („Prinde elocvenţa şi strânge-o de gât")!

I

ARTICOLE DE REVISTĂ, MAJORITAR OSTILE

Abia intrase în circulație cartea mea, că revista Historia, *în numărul 68 din august 2007, a pornit un atac în forță împotriva ei. Chiar pe copertă, viu colorată, apare o reproducere după o pictură a lui Constantin Lecca, din 1868, figurând „descălecătoarea" Negrului Vodă, iar deasupra, în litere de-o șchioapă, un titlu cu iz de zeflemea: „Vin cumanii!" În interior, de la p. 3 la p. 5, articolul academicianului Răzvan Theodorescu, de la p. 6 la p. 8, articolul lui Denis Căprăroiu, lector la Universitatea din Târgoviște.*

1. Acad. Răzvan Theodorescu

Distinsul istoric al artei evocă, mai întâi, cu etalaj de erudiție, succesivele migrații de la răsărit spre apus, pornite, în urma unor fenomene geologice, de vreo 4 000 de ani încoace (după unii savanți, de pildă marele indo-europenist Cicerone Poghirc, și mai devreme încă, adică de vreo 6 000 de ani – eu adăugând că aceasta ar coincide atunci și cu datarea deșertificării Africii de Nord, care, după Arnold Toynbee, s-ar fi aflat la originea apariției civilizației egiptene). Autorul înșiră atunci migrațiile indo-europene, mișcările sarmatice, apoi migrațiile punice (?), alanice și germanice; cele avarice, bulgare, maghiare, în fine, cele pecenego-cumano-tătare.

Evocând cartea mea, pricină a articolului său, domnul Răzvan Theodorescu mă califică „venerabil amator de istorie“, expresie pe care o folosise și cu două luni înainte, în momentul apariției cărții, când îi ceruse părerea, pe necitite, un ziarist de la un mare cotidian bucureștean. Expresia „venerabilul amator“, în ochii cititorului de rând, poate firește apărea ca o săgeată otrăvită care să mă azvârle în tagma amatorilor de istorie, care, la noi, sunt legiune. Distinsul academician, cu care întrețin relații sociale dintre cele mai civilizate – chiar a binevoit să-mi procure, odată, la cererea mea, prețioase referințe bibliografice –, a avut desigur în minte, subliminal, alți „venerabili amatori de istorie“ din trecut, ca de pildă, la sfârșitul veacului al XIX-lea, neamțul Theodor Mommsen. Acesta, după temeinice studii de drept, pe la mijlocul vieții (*nel mezzo del cammin della sua vita*), făcând cercetări de epigrafie latină în legătură cu dreptul roman, s-a pasionat în așa măsură de poporul care dăduse naștere unui sistem de drept perfect, de natură să sfideze veacurile și să se întindă în omenirea întreagă, încât a vrut să-i cunoască mai amănunțit trecutul – până a ajuns, într-un șir de ani, să scrie cea mai celebră istorie a Romei antice. Dacă nu mă înșală memoria, e și singurul istoric care, în primii ani ai secolului XX, să fi fost distins cu Premiul Nobel. Autorul nostru s-a gândit poate și la Voltaire, în a cărui cultură, la vremea lui, intra prea puțină istorie, și care, cu imensul său talent, s-a încercat pe rând în aproape toate domeniile literaturii. După moartea lui, contemporanul său mai tânăr, Diderot, a zis, răutăcios, că „N-a fost decât al doilea, în toate genurile“ („*Il a été le second dans tous les genres*“). Dar se înșela, căci Voltaire, cu a lui *Istorie a lui Carol* al XII-lea (al Suediei), a fost *primul istoric modern.* La noi în țară, aș mai pune ca „venerabil amator“ pe admirabilul memorialist Radu Rosetti, care, după vârsta de 60 de ani, a scris trei cărți de istorie care au reînnoit problema originii boierimii și a răzeșilor, astfel încât „istoricii de meserie“ sunt nevoiți să-l considere mare istoric.

La urma urmei, cel mai „venerabil amator“ a fost însuși *inventatorul istoriei*, Tucidide. General al unei armate ateniene, a sosit prea târziu ca să despresoare o cetate aliată, asediată de trupe ale Ligii Spartane. General destituit, ar fi putut să se răzvrătească împotriva propriei patrii, ca ilustrul său predecesor Temistocle, care s-a refugiat la regele Persiei, fostul inamic. Cu totul alta a fost reacția lui Tucidide: a cutreierat ani de-a rândul lumea elenică, luând, cu nepărtinire, mărturia câtor mai mulți actori ai uriașei ciocniri de 20 de ani dintre cele două coaliții care-și disputau atunci hegemonia lumii antice. Tucidide, fiindcă avea geniu, a legat într-un singur mănunchi povestirea tuturor acelor ciocniri, la prima vedere disparate, botezând ansamblul cu numele ce i-a rămas, *Războiul peloponesiac*. Evident, pe urmele unor asemenea uriașe figuri de „amatori de istorie", mă simt de-a dreptul copleșit!

Nu e însă exclus ca domnul Răzvan Theodorescu, ca foarte mulți profesori de istorie (nu numai universitari, ci și de liceu), să aibă, subconștient, convingerea că n-ar avea dreptul să se numească istorici – adică „istorici de meserie" – decât acei studenți în istorie care, după licență, urmată eventual și de un masterat și chiar de un doctorat – s-au grăbit să caute, prin orișice mijloc, un mic post de preparator, apoi de lector, apoi de conferențiar sau de cercetător la un mare institut de istorie, în sfârșit, apogeul, un post de profesor la o universitate; doar la mare nevoie, la un liceu. Numai aceștia ar fi îndrituiți să fie considerați *istorici*. Toți cei cu spirit independent, care ar fi ales o altă cale înainte de a-și fi exercitat în scris pasiunea cunoașterii trecutului uman, ar fi doar *amatori*. Am citat însă mai sus câțiva „venerabili amatori" pe care „istoricii de meserie" catadicsesc să-i considere Istorici.

Dar să vedem mai departe argumentele expuse de domnul Răzvan Theodorescu împotriva tezei susținute în cartea mea. De fapt, tot articolul de trei pagini (în nouă coloane) e o vastă reamintire rezumată a interpretărilor pe care le-a dat în marea sa lucrare *Bizanț, Balcani, Occident la începuturile culturii medievale românești (secolele X–XIV)*. Am o singură rezervă: folosirea abuzivă a termenului „viața feudalității moldovene" vorbind de veacurile X–XII.

Când ajunge însă la chestiunea posibilelor influențe cumane asupra nașterii statului căruia i se va zice Țara Românească, folosește expresii atât de subtile, încât devine evaziv: „este de bănuit că acest element răsăritean care putea înrâuri civilizația net superioară din Ungaria ultimilor Arpadieni [...] va fi influențat cu atât mai mult – poate chiar, cum sugera Iorga, în direcția unei cristalizări a ideii statale – comunitățile românești, *mai ales la nivelul aulic* [s. mea], cu care șefii cumani aveau relații permanente". Dacă lăsăm deoparte limbajul prețios, este exact ceea ce sugerez eu, anume că acei șefi cumani care pătrunseseră în tot spațiul dintre Carpați și Dunăre fără îndoială se amestecaseră în stratul superior deja existent („nivelul aulic!") pe care ni-l dezvăluie Diploma Ioaniților, din 1247, de voivozi și cnezi slavo-români și – mai general – printre *maiores terrae* (mai marii țării). Dar îndată pe urmă, după ce ne trimite la lungul și savantul articol al lui Victor Spinei prezent în volumul III din *Istoria românilor* (a Academiei) – ca un reproș că nu l-aș fi citat (e adevărat că nu l-am citat, cu toată stima pe care o port distinsului arheolog și istoric, fiindcă acolo nu pomenește de influența cumană în Muntenia și nicicum de Basarab; iar în alt context a spus răspicat că Basarab era *sigur* român!...), – domnul Răzvan Theodorescu scrie: „nici originile «modei» onomastice cumane existente încă în secolele XIV–XV în

Țara Românească sub forma bine știutelor nume domnești și boierești (Basarabă, Talabă, Toxabă, Udobă) [...] nu sunt foarte bine elucidate".

Bine spune academicianul nostru că nu sunt foarte bine elucidate, fiindcă adoptă pur și simplu interpretarea devenită clasică și obligatorie în *Vulgata* istoriografiei noastre de un veac încoace: pletora de nume cumane aflate printre voivozii, cnejii, apoi boierii din veacurile XIII–XV (vezi listele savantului orientalist Lászlo Rásonyi citate de mine în paginile 63–66) a fost doar *o modă*: cnejii, apoi boierii noștri, creștini de veacuri, și-au botezat copiii, din simplă *modă,* cu aceste nume păgâne! Cum poate un savant de tip occidental, dintr-un fals patriotism, să emită până în ziua de azi asemenea vădite absurdități?

Dar iată că, la câteva rânduri mai jos, îi scapă și academicianului ultrapatriot teribila presupunere: „Astfel a fost posibil ca lui Seneslav, «voievodul valahilor» cu nume slav din «Diploma Ioaniților», stăpânind în părțile argeșene în secolul XIII, să-i urmeze «Thocomerius» și apoi Basarab *cel cu nume turanic și poate cu origine cumană*" (s. mea). Răzvan Theodorescu nu putea să scrie altceva deoarece e *ad litteram* ce a spus Iorga în 1927 în comunicarea lui la Secția de Istorie a Academiei Române! Mă întreb atunci, după atât de ilustre precedente, de ce mi se dă mie în cap dacă încerc acum *să prefac, în fine, presupunerea în certitudine*?

Câteva rânduri mai jos, după ce evocă „rolul elementului alogen, migrator, în crearea ierarhiei feudale din Rusia" și din Bulgaria, și din Banat și Transilvania (Glad – Gradimir și Menumorut) – fenomen asupra căruia eu insist, în cartea mea, extinzându-l la Europa întreagă –,

Răzvan Theodorescu trage încă o mică săgeată otrăvită: „Evident, o asemenea aserțiune nu ne duce până acolo încât să afirmăm faptul că românii au învățat arta războiului de la cumani, așa cum candid crede Neagu Djuvara." Numai că distinsul academician ar trebui să știe că eu sunt departe de a fi primul care, candid, să fi relevat faptul că oștenii munteni sau moldoveni au fost echipați cum erau cumanii și au folosit tacticile lor de luptă. Eu am adăugat doar impresionanta similitudine dintre tactica de luptă a celor 400 de cavaleri moldoveni trimiși în ajutor regelui Poloniei de către Alexandru cel Bun, în războiul împotriva Cavalerilor Teutoni, la ciocnirea victorioasă de la Grünwald – Tannenberg (15 iulie 1410), și cea folosită de călărimea cumană, aliată a lui Ioniță Asan (Caloian) la bătălia de la Adrianopol, în care cade prizonier Baudouin, împăratul „latin" de Constantinopol (14 aprilie 1205). În afară de aceasta, nu-mi recunosc nici o prioritate în acea aserțiune vădit nepatriotică (că „românii au învățat arta războiului de la cumani").

Spre sfârșitul pledoariei domnului Răzvan Theodorescu, ajungem la spinoasa chestiune de a ști dacă Basarab și fiul său Alexandru au fost sau nu catolici. Scrie: „Eșecul propagandei apusene în mediul românesc s-a prelungit în secolul XIV, unde doar istorici improvizați sau fanteziști pot să vadă voievozi români catolici trecuți repede la ortodoxie, fără ca acest lucru să lase urme în textele bine citite." Ați citit însă bine: *istoricii improvizați sau fanteziști* sunt Neagu Djuvara și Daniel Barbu; acesta din urmă e autorul mai multor articole și cărți temeinic documentate, cu „texte bine citite", unde arată motivele și împrejurările în care, în 1359, fiul lui Basarab, Alexandru, se adresează patriarhului de Constantinopol, îi cere mutarea mitropolitului „Ungro-Vlahiei“ de la Vicina la Argeş şi preia de atunci încolo *şi numele de Nicolae*, ce era la mare cinste în Biserica Răsăriteană. Schimbare de nume în curs de domnie, care, aşa cum dovedeşte Daniel Barbu, cu exemple precise (texte bine citite), „se găseşte şi în ţări vecine ţării noastre, *numai în caz de schimbare de confesiune*“. Când am spus toate acestea într-o conversaţie privată, domnului Răzvan Theodorescu, reamintindu-i şi textele papale în care Basarab apoi şi Alexandru sunt numiţi „fii catolici devotaţi“, a făcut un gest larg cu mâna peste umăr, zicând: „Prostii“. Şade urât în imaginea de seriozitate a distinsului academician.

În încheiere, aş dori ca domnul academician să binevoiască a ne spune clar care este adevărata dumisale opinie: atunci când îi spune unui ziarist că originea cumană a lui Basarab e lucru de mult cunoscut şi Neagu Djuvara „înfundă uşi deschise“ sau când, la câteva săptămâni mai târziu, se căzneşte să demonstreze într-un articol de revistă că e probabil o eroare?!

2. Denis Căprăroiu[1]

Din primele rânduri autorul atacă: „problematica aportului cuman la cristalizarea vechii aristocrații românești este una de dată veche, binecunoscută istoricilor noștri, fără a reprezenta, în nici un caz, acel element de noutate absolută pe care o apariție editorială bombastică – adevărat exercițiu de marketing al maeștrilor de la Humanitas – a încercat să ni-l servească". La câteva rânduri mai jos, recunoaște însă că „subiectul în cauză era unul de mult așteptat, cel puțin în rândul marelui public, și aceasta pentru că, indiferent de stadiul cunoașterii sale în mediul *profesionist* al istoricilor, a fost prea multă vreme mușamalizat la nivelul istoriei oficiale".

Nici că se putea spune mai clar și mai cinstit ceea ce repet de ani de zile: *la nivelul istoriei oficiale* (*Vulgata*) *chestiunea e mușamalizată de prea multă vreme*, adică escamotată sau negată. Pun întrebarea: de ce? De ce „problematica aportului cuman la cristalizarea vechii aristocrații românești [...], de dată veche, binecunoscută istoricilor, noștri" lipsește totuși din toate tratatele și manualele de

1. Revista *Historia* are meritul de a fi pus îndată după articolul negativ al lui Răzvan Theodorescu un articol care admite răspicat cumanitatea lui Basarab.

istorie? Şi, de asemenea, de ce un istoric cu platforma academicianului Răzvan Theodorescu, la doar câteva rânduri mai sus, o minimizează cu trufie; iar când cineva se încumetă s-o dezgroape şi s-o sublinieze e trecut, cu semeţie şi dispreţ, printre „istoricii improvizaţi sau fantezişti"? De ce? Mai adaug apoi că Editura Humanitas n-a făcut cărţii mele nici o publicitate mai „bombastică" decât tuturor cărţilor pe care le publică, adică o prezentare cu trei scurte cuvântări în mijlocul harababurii Târgului de Carte. Publicitatea, bombastică într-adevăr, *a făcut-o mass-media* – cea mai clară dovadă că discutarea pe faţă a acestei importante chestiuni, ţinută tainică de generaţii, era aşteptată de marele public cu vădită nerăbdare. Unde e „exerciţiul de marketing" de care e indignat domnul Căprăroiu?

Trecând la subiect, mai tânărul istoric Denis Căprăroiu scrie: „considerăm că «apelul» domnului Djuvara, scos din contextul comercial al lansării, este unul binevenit. Ceea ce i se poate reproşa, totuşi, onorabilului autor este lipsa unei argumentaţii ştiinţifice adecvate, pe care un subiect de importanţa celui vizat o revendică în mod prioritar. Numeroasele sale prezumţii, chiar dacă inspirate, sunt insuficient susţinute cu probe documentare, ceea ce a şi permis unora dintre vocile contestatare să-şi fundamenteze poziţia".

După care, pe patru coloane ale revistei, cu subtitlurile „Întemeietorul Ţării Româneşti", „Descălecarea", „Autoritatea lui Basarab", autorul face o temeinică şi documentată sinteză... a tezei pe care o susţin în cartea mea. „Întemeietorul Ţării Româneşti nu este altcineva decât *descălecătorul* înregistrat de tradiţie, acel Negru Vodă pe care îl identificăm cu Thocomer, tatăl lui Basarab, din documentele angevine. Simplul fapt că Thocomer era receptat în mediile culte ale cancelariei regale îl recomandă pe acesta ca un personaj *de talie*, binecunoscut în epocă.“ Eu aș adăuga la această constatare a notorietății personajului „Thocomerius“ ipoteza pe care o expun în carte la p. 149, anume că el trebuie să fie căpetenia românilor cărora, după *Cronica rimată* a lui Ottocar de Styria, voivodul Transilvaniei, Ladislau Kán, l-a predat pe fostul adversar la domnie al lui Carol Robert, Otto de Wittelsbach (al Bavariei), pe care-l ținea prizonier; iar românii de „dincolo de pădure“ (*über Walt*), din „țara valahă“ (*Walachen Lant*) l-ar fi făcut scăpat către Galiția. A fost și părerea lui Adolf Armbruster în „Românii în Cronica lui Ottokar de Stiria. O nouă interpretare“, apărut în *Studii*, Revistă de istorie, tom 25, 1972, nr. 3, pp. 463–483.

Spune mai departe autorul: „Certa sa ascendență cumană îl va pune, în circumstanțele atât de *speciale* ale sfârșitului domniei lui Ladislau al IV-lea Cumanul (1272–1290), într-o relație particulară, nu doar cu regele maghiaro-cuman, ci și cu Nogai, atotputernicul emir mongol de la Isaccea.“ Ce departe suntem de șovăielile și contraargumentele fără miez ale lui Matei Cazacu în articolul său din *Revista istorică*, precum și de zeflemeaua de mai sus a lui Răzvan Theodorescu!

Domnul Denis Căprăroiu vine cu o seamă de precizări de cel mai mare interes, insistând asupra rolului hotărâtor pe care l-a jucat atunci hanul tătar Nogai, care-și extinde stăpânirea, de la Isaccea până la Porțile de Fier, peste banatul ungar de Severin, în chiar anul 1290, când, după moartea lui Ladislau Cumanul, Thocomer își pierde posesiunile din zona Făgărașului și „descalecă“, cu o ceată a lui și cu un grup de sași, până la cetatea săsească a Câmpulungului. Sunt lucruri pe care le-am sugerat cu mult mai multă timiditate decât Căprăroiu, care arată clar cum Thocomer (deja dinainte, zic eu, șeful unor comunități românești) e *instalat* de Nogai peste ceilalți voivozi și cneji dintre Carpați și Dunăre, în calitate de intermediar al tătarului, după cum acesta instalase la sud de Dunăre, cu zece ani înainte, pe cumanul Terter la conducerea țaratului de Târnovo. Eu voi adăuga un amănunt care-și are, probabil, însemnătatea: anume că branșa tătarilor din vestul imensului teritoriu controlat de Hoarda de Aur, așezați pe fostele domenii stăpânite de veacuri de cumanii albi, dominându-i de acum pe aceștia, dar foarte probabil mai puțin numeroși, s-a contopit cu ei *și le-a adoptat limba*. Încă un motiv firesc pentru ca niște căpetenii de obârșie cumană să devină „oamenii lor“ peste noroadele de sud-slavi sau de români.

Articolul domnului Denis Căprăroiu se sfârșește cu acest alineat: „Iată, așadar, cum epopeea cumanilor făgărășeni, protejați de Nogai, se va identifica, treptat, cu destinul proaspetei lor creații statale. Asumându-și, cu responsabilitate și îndârjire, *misiunea* trasată de han, Thocomer și Basarab își vor atrage, curând, supușii autohtoni într-un proiect politic de anvergură, care se va numi *Țara Românească*“ (*Vlaškoe zemlja*, adaug eu, căci forma română nu ne e dovedită decât cu veacuri mai târziu).

Domnul Denis Căprăroiu rezumă în trei pagini de revistă de vulgarizare, în termeni și mai categorici decât ai mei și cu un ton mai răspicat, ceea ce cu mai multă sfială m-am trudit să dovedesc în 200 de pagini. Mărturisesc că la citirea acelor pagini am fost mai mult decât surprins. Am rămas de-a dreptul descumpănit. În toţi anii de studiere a chestiunii, în nesfârşitele mele cercetări, iată că-mi scăpase un autor care spunea competent şi, parcă, şi mai multă îndrăzneală decât mine, exact acelaşi lucru! Am alergat a doua zi la biblioteca Institutului „Nicolae Iorga", cea mai la-ndemână şi mai comodă pentru mine – şi, pe deasupra, specializată în istorie – şi am căutat, nerăbdător, în fişier, numele domnului Căprăroiu. N-am găsit decât un singur titlu, o carte scrisă în colaborare cu regretatul Eugen Denize, o scurtă prezentare a istoriei ţărilor din Balcani.[1]

Subiectul mă interesa cu atât mai mult cu cât de la întoarcerea mea din Africa în Europa căutasem să cunosc mai bine istoria ţărilor balcanice, deoarece îmi dădeam seama cât de mult era trecutul ţărilor române legat de toată istoria vecinilor noştri. Luasem, între 1984 şi 1988, o diplomă de la Şcoala de Limbi Orientale de la Paris (acum numită INALCO), după studierea limbii sârbo-croate şi a istoriei naţionalităţilor din fosta Iugoslavie şi a Albaniei. În plus, în fiecare vară, până la întoarcerea mea în ţară, petrecusem câte o lună-două la Atena, la superba bibliotecă Gennadion, atât de bogată în cărţi privitoare la trecutul sud-estului european, cu precădere al Greciei. Visam să mă încumet a scrie – ca generalist –, în limba franceză,

1. Denis Căprăroiu, Eugen Denize, *Naşterea Europei Medievale, Europa Central-Răsăriteană şi de Sud-Est – secolele V–XV*, vol. II, Editura Cetatea de Scaun, Târgovişte, 2005, 224 p.

o scurtă prezentare a genezei tuturor națiunilor din Balcani. Aș fi intitulat-o Geneza milenară a națiunilor din Balcani; subtitlu: Greci, albanezi, români, slavi din sud, din secolul al VI-lea în secolul al XVI-lea. Această delimitare în timp, fiindcă observasem că aproape toate lucrările consacrate, în limbi de circulație internațională, sud-estului european își începeau istorisirea și interpretarea după căderea Constantinopolului, deci de la mijlocul veacului al XV-lea, ceea ce era o aberație, căci toate limbile și naționalitățile erau de-acum cristalizate de veacuri... (După mai bine de 25 de ani, tot nu mi-am împlinit visul. Dar nu se știe, „nepătrunse sunt căile Domnului"; de-mi mai prelungește Cel de Sus speranța de viață cu 2-3 ani, poate mă apuc și de munca aceasta).

În orice caz, în anii 1990, în al treilea an al meu de profesor asociat la Universitatea din București, am propus doamnei Zoe Petre, atunci decan al Facultății de Istorie, un curs pe acest subiect. Dar ce dezamăgire! Pe când în cei doi ani precedenți, mai întâi, în primul, cu un curs despre istoria boierimii române (*memento*: la cererea studenților!), în al doilea an cu o inițiere în filozofia istoriei, avusesem amfiteatre pline, pentru istoria vecinilor noștri din Balcani am avut, în tot cursul, șase studenți! Era o constatare de jale: tinerii studenți în istorie, mulți dintre ei viitori profesori, nu-și dădeau seama că istoria românilor e cu totul ininteligibilă dacă nu e cufundată, literal, în toată istoria Balcanilor și în istoria Europei Centrale.

M-am bucurat deci aflând că autorii sus-numiți răspunseseră între timp acestei necesități. Citind cartea cu viu interes, am avut însă o dezamăgire: dacă relatarea fiecărei istorii naționale era în general onestă, în schimb constatam cu mirare că problemele cele mai dificile privind raporturile dintre acele țări cu istoria românilor erau, cu prudență, ocolite. Iarăși temerea de a nu rămâne *politically correct*? Relatând, de pildă, istoria primului țarat bulgar, cel înființat de năvălirea protobulgarilor, nu se spune nici o vorbă despre polemica ce s-a purtat, la noi, între cele două războaie mondiale, pe de o parte între istoricii care negau că după nimicirea imperiului avar din Panonia, prin acțiunea concomitentă a francilor lui Carol cel Mare (Karl der Grosse, Charlemagne) și a bulgarilor, aceștia din urmă și-ar fi extins stăpânirea și peste părțile noastre (de exemplu, Iorga și bizantinistul Nicolae Bănescu) și, de cealaltă parte, cei care afirmau că era cu neputință ca imperiile franc și bulgar să fi fost, vreme de aproape două veacuri, vecine la Tisa fără ca bulgarii să domine și în spațiul carpato-dunărean (de pildă P.P. Panaitescu, mai târziu și Barbu Câmpina). Descoperirile arheologice, de atunci, au dat dreptate celor din urmă. Cartea domnilor Denize și Căprăroiu nu evocă problema, cu toată marea ei importanță; căci numai prezența unei autorități bulgare la nord de Dunăre, în secolele al IX-lea și al X-lea, poate explica organizarea bisericii noastre (o adevărată a doua creștinare a unor populații lipsite de veacuri de ierarhii bisericești instalate), și aceasta în stil bizantin și limbă slavă, care să rămână pe veacuri multe și limbă de cult, și, mai târziu, limbă de cancelarie și limbă de cultură. După cum în istoria Ungariei nu se mai pomenește de „continuitate“ sau „necontinuitate“ în Transilvania. Dar în acest al doilea caz se poate spune că autorii vor fi considerat că studenții români vor fi fost cu toții, din școala primară, deplin luminați privitor la etnogeneza neamului românesc.

Închid această lungă paranteză zicând că nu găseam la Institutul „Nicoale Iorga“ nici o lucrare a domnului Denis Căprăroiu privitoare la cumani, Thocomer și Basarab. M-am dus, așadar, a doua zi la Biblioteca Academiei, mult mai bogată. Nici acolo nimic. M-am dus a treia zi la Biblioteca Națională, care, prin lege, trebuie să primească în depozit orice carte publicată în țară, și iarăși în zadar. Am înțeles atunci că lectorul de la Facultatea de Istorie a Universității din Târgoviște, cu incontestabila sa inteligență și foarte amănunțitele sale cercetări, ajunsese la convingerea că Thocomerius și Basaraba descindeau dintr-o spiță de șefi cumani, că mai aveau în jurul lor și alte rămășițe cumane de după tăvălugul mongol și că ei, sub umbrela atotputernicului han tătar Nogai, jucaseră un rol determinant în coagularea, într-o singură mână, a tuturor voivodatelor și cnezatelor române dintre Carpați și Dunăre; dar, conformându-se poruncii nescrise a tuturor marilor săi predecesori care intuiseră realitatea, dar n-o spuseseră, s-a mulțumit, eventual, s-o șoptească la ureche câtorva studenți aleși pe sprânceană, cu strașnică poruncă să păstreze prețioasa informație pentru ei – că e taină mare. Și a așteptat ca lucrarea, relativ timidă, a foarte vârstnicului Neagu Djuvara să spargă gheața, pentru a se destăinui și el apoi, zgomotos și puțin impertinent, într-o revistă.

Îl îndemn insistent și foarte sincer pe domnul Denis Căprăroiu să depășească faza micului articol de revistă. Să se apuce de o lucrare majoră, discutând exhaustiv problema aceasta, capitală pentru înțelegerea începuturilor statelor noastre medievale. Să ne dea peste câțiva ani cartea, înzestrată cu un aparat critic cât mai complet, care, în ciuda obstinatei opoziții a bătrânilor noștri academicieni, să pună un punct final acestei chestiuni otrăvite a istoriografiei române. Cartea aceea ar fi primită îndată de oricare dintre marile noastre case de editură – sunt convins, și de către Humanitas. Să fie apoi larg distribuită la universitățile și bibliotecile din țară și din marile țări străine, punând capăt norului de ceață asupra nașterii statelor medievale române și deschizând, în fine, intrarea noastră în marea istoriografie europeană. Denis Căprăroiu ar face atunci, într-adevăr, un serviciu major țării.

3. Florin Constantiniu

În numărul următor al revistei *Historia* (nr. 69 din septembrie 2007) s-a făcut apel la alt distins istoric, academicianul Florin Constantiniu, pentru a duce mai departe atacul împotriva cărţii *Thocomerius–Negru Vodă*. Mi-a părut rău să-l văd asociat la această întreprindere de dărâmare, deoarece ţin cartea lui, *O istorie sinceră a poporului român*, drept cea mai reuşită încercare de a pune la dispoziţia marelui public o istorie, relativ scurtă, dezbărată de distorsiunile impuse de zeci de ani de „adevăr marxist". (Ca unul familiarizat cu istoriografia franceză, am regretat însă să fi fost inspirat, probabil, în titlul său, de celebra carte a lui Charles Seignobos, *Histoire sincère du peuple français*, care e, după părerea mea, cea mai seacă şi sectară istorie a Franţei din câte cunosc. Langlois şi Seignobos au fost creatorii unei şcoli de istorie care a sterilizat, o jumătate de veac, inteligenţa istorică franceză, până la apariţia „Şcolii Analelor"). Cartea domnului Constantiniu o am mereu la îndemână, pentru o eventuală grabnică verificare a unor evenimente din trecutul nostru – cel puţin pentru epocile modernă şi contemporană. În partea medievală nu se regăsesc unele dintre interesantele opinii pe care le expune în acest articol. În orice caz, când vine vorba de prezenţa cumană, nici o aluzie la eventuala origine cumană a lui Basarab Întemeietorul!

Din primul alineat al articolului, în caractere *bold*, deja două critici. Întâi un „(*sic!*)“ marcând indignarea după termenul „voivod“ din titlul cărţii mele, în loc de „voievod“. Şi Matei Cazacu m-a învinuit de această nesupunere ortografică la ucazurile Dicţionarului explicativ al limbii române (faimosul DEX, pe care marele filolog Dan Sluşanschi îl considera plin de aproximaţii sau inexactităţi), Cazacu a ţinut să-mi amintească – sau să mă înveţe – că ortografia „voievod“ e cea a limbii slave originare. Răspund aici şi lui, şi domnului Constantiniu că noi am adoptat de un veac, ca regulă (în chip şi mai sever în epoca comunistă), principiul ortografiei strict fonetice. Ortografia etimologică îndrăgită de şcoala latinistă şi care a avut prelungiri târzii în secolul al XIX-lea a fost părăsită cu totul, chiar pentru limba-mamă, latina; şi aici s-o respectăm cu sfinţenie pentru un termen de origine slavă? Şi de ce, când această formă lipseşte în imensa majoritate a documentelor noastre medievale? Am trecut prin sute şi sute, poate peste mie, de hrisoave, zapise vechi, pietre de mormânt şi nu ştiu dacă am întâlnit o dată la mie cuvântul scris *voievod*, ci numai *voivod* sau *voevod* (care tot „voivod“ se aude). E chiar impresionant să constatăm că numele primului nostru „mare-voivod“, Basarab, e pomenit cu data lui de moarte pe peretele naosului Bisericii Domneşti de la Argeş, în forma *Velikii Basaraba Voivoda,* iar, întâmplător, pe mormântul celui de al doilea, Nicolae Alexandru, la Câmpulung, *Voevoda*! La a treia generaţie, Radul I este iarăşi zis *voivod*; pe mormântul lui Ştefan cel Mare avem *voevod*. Pe piatra de mormânt a copiilor lui Neagoe Basarab e scris *Petru Voivod* şi *Ioan Voivod*. Nu cred să mai fie cazul de a enumera lespezile tuturor voivozilor.

N-am încercat să cercetez care instanţă şi când a adoptat ortografia *voievod*, căci îmi pare a fi de mai puţin de un veac. O consider eronată şi nădăjduiesc ca exemplul meu să fie contagios şi ca, în curând, aceeaşi instanţă răspunzătoare să adopte ori *voivod*, ori *voevod*, punând capăt unei anomalii. Altfel, unii pedanţi sunt tentaţi să pronunţe „vo-ie-vod“, în trei silabe, ceea ce nu se aude nicăieri în ţară. Adaug că nici ţările slave vecine, care au păstrat termenul viu, nu-l scriu altfel decât *voivod* (*vojvod* sau *vojvoda*), numai noi ne facem tari să respectăm ortografia paleoslavă.

A doua critică, în acelaşi alineat, e că apariţia cărţii mele „a fost însoţită de o zgomotoasă campanie publicistică“. Repet aici că n-a existat nici o campanie, ci doar o adevărată „explozie“ în mass-media, simplă dovadă a imensului interes suscitat la marele public de problema aceasta ţinută sub obroc.

În cuprinsul articolului său, domnul Florin Constantiniu spune lucruri interesante şi mă învinuieşte cu drept cuvânt că am omis lucrările lui Henri H. Stahl sau ale lui Ion Dona. Este într-adevăr un lapsus al meu; le citisem demult şi n-am mai făcut legătura între chestiunea originii etnice a lui Basarab şi chestiunea profundei influenţe a popoarelor turanice, în special pecenegi, cumani şi tătari, asupra instituţiilor şi moravurilor românilor în Evul Mediu. Am încercat să suplinesc cât de cât această omisiune în ultima ediţie a cărţii, pregătită să apară odată cu acest volum și în care am ținut seama de criticile justificate ce mi s-au adus[1].

Mai departe, când autorul pomenește de „simbioza româno-cumană“ evocată de Iorga, omite să amintească comunicarea făcută de marele istoric la secțiunea de istorie a Academiei, în noiembrie 1927, în care a spus fraza pe care o consider de enormă importanță, vorbind de Basarab: „Numele e cuman. *Dar numai numele?*“ – sublinierea fiind chiar a autorului, în articolul care a fost, după regulă, publicat ulterior în Analele Academiei (s. III, t. VIII). Ceea ce dovedește limpede că Iorga intuia că Basarab era descendent dintr-o spiță cumană. Dar iată că nici chiar el n-a mai îndrăznit să reamintească apoi această supoziție în monumentala sa *Istorie a românilor*.

În fine, faptul că Thocomer și fiul său Basaraba erau „românizați“ prin 150 de ani de conviețuire cu populația valahă *care i-a ales drept conducători* e o realitate pe care n-am contestat-o la nici un moment în lucrarea mea.

1. Neagu Djuvara, *Thocomerius–Negru Vodă, un voivod de origine cumană la începuturile Țării Românești. Cum a purces întemeierea primului stat medieval românesc dinainte de „descălecătoare“ și până la așezarea Mitropoliei Ungrovlahiei la Argeș. Noi interpretări*, ediția a III-a revăzută și adăugită, Editura Humanitas, 2011; trimiterile din cuprinsul acestui volum se fac la ediția din 2007.

4. Tudor Sălăgean

Oarecum în afara scopului acestui volum, de a răspunde criticilor mei, vreau să semnalez un articol apărut tot în revista *Historia,* trei ani mai târziu (an X, nr. 104, august 2010), intitulat *Posada, anul de grație 1330*, unde se găsesc, sub semnătura istoricului ardelean Tudor Sălăgean, iarăși opinii interesante. Mi-au displăcut însă două lucruri.

a) În paragraful intitulat *Basarab, voievodul nostru transalpin*, autorul scrie: „În 1324, ca urmare a negocierilor purtate de Basarab cu reprezentantul diplomatic al lui Carol Robert, comitele Martin al Sălajului, între Ungaria și Țara Românească a fost reinstaurată pacea. Din punct de vedere formal, Basarab devenea, din acest moment, un vasal de circumstanță al regelui Ungariei, care îl numește de altfel, la 26 iulie 1324, Bazarab, *Woyuodam nostrum Transalpinum* («Basarab, voievodul nostru transalpin»)"...

O primă remarcă: observați că și într-un înscris din acea epocă al cancelariei regale ungare numele e ortografiat *woyvodam* (*voivodam*); apoi, și mai cu seamă, *ce-i aia un vasal de circumstanță*? Eu, unul, n-am întâlnit în Europa medievală alți „vasali de circumstanță". Iarăși teama înfiripată în *Vulgata* istoriografiei noastre față de termenul „vasal", considerat pesemne înjositor. Regele Boemiei putea fi vasalul împăratului, regele Angliei vasalul regelui Franței, dar Țara Românească (numită pe atunci Vlaşkoe Zemlia) era țară prea mare din clipa apariției ca domnul ei să fie vasal vreunui suveran străin! De fapt, noi nici nu știm exact la ce dată a murit Thoctomer și i-a urmat fiul său Basaraba și nici care din cei doi a fost primul recunoscut de ceilalți voivozi și cneji dintre Carpați și Dunăre ca „mare-voivod", cum domnii noștri vor fi fost chemați de atunci și de cancelariile țărilor slave vecine (*veliki vojvoda*) și de Patriarhia de la Constantinopol sau de egumenii mânăstirilor atonite (*mega voivoda*). Dacă momentul acela a avut loc, să zicem, la o dată cuprinsă între 1310 și o dată anterioară acelui an 1324, când apare o împăcare între Basarab și regele Ungariei, probabilitatea cea mai logică e că Basarab a fost din primul moment vasal al regelui Ungariei, care avea, de o sută de ani, în titulatura lui și *rex Cumaniae*... Foarte probabil însă – cum o va dovedi Basarab și ulterior – se va fi arătat un vasal foarte puțin docil, de unde explicația necesității unor negocieri prin mijlocirea lui Martin al Sălajului. Nu „vasal de circumstanță", ci vasal care devine mai supus. Istoria Europei feudale e plină de asemenea certuri între un suzeran și un vasal. Relațiile dintre regele Franței și regele Angliei sunt cele mai grăitoare în acest sens: cu toate repetatele războaie dintre cei doi, jurământul de vasalitate nu pare să fi fost stricat, decât vremelnic, atunci când, sub domnia regelui Franței Carol al VI-lea, atins de demență, regina Franței, Isabela a Bavariei, a recunoscut ca viitor rege al Franței pe regele Angliei, Henric al V-lea, dezmoștenindu-l pe fiul ei Carol al VII-lea, moștenitorul legitim. Altfel, jurământul de vasalitate, prin caracterul său sacru, avea aspect de perenitate. Nici răsunătoarea izbândă a oastei lui Basarab în 1330, la „Posada“, nu pare să fi rupt jurământul, ci doar să-l fi liberat pe Basarab, vreme de câțiva ani, de îndatoririle lui de vasal. Când circumstanțele politice exterioare îi vor fi dictat lui Basarab o schimbare de atitudine, își va trimite fiul, Alexandru, viitorul Nicolae Alexandru, asociat la domnie, pentru a reînnoi gestul de supunere. Trebuie recunoscută evidența: chiar sub domnii recalcitranți, ca Vlaicu Vodă, legătura de vasalitate nu pare să fi fost, formal, întreruptă; ea va dăinui până la perioada de dominație otomană. Și chiar atunci, o vreme – de pildă sub Vlad Dracul, apoi sub fiii lui – vom cunoaște ciudata situație cu un domn formal vasal al regelui Ungariei, totodată tributar al sultanului otoman. Să lăsăm dar deoparte formule cu iz patriotard, de felul „vasal de circumstanță“... că „circumstanța“ a ținut vreo două sute de ani.

Altă observație: în subcapitolul intitulat „Unde e, de fapt, Posada“, autorul prezintă pe scurt doar recentul articol al lui Sergiu Iosipescu – pe care tocmai îl critic aici în altă parte –, ca și când ar reprezenta rezolvarea finală a problemei; și nu prezintă, barem în două cuvinte, teza opusă a lui Constantin Rezachievici, cea care a provocat contrazicerea lui Sergiu Iosipescu.

II

ARTICOLE DIN DIVERSE COTIDIANE ȘI REVISTE (MAI MULT FAVORABILE)

5. Şerban Papacostea, Ovidiu Pecican, Marius Turda. Articole sau citate din interviuri, în *Cotidianul*

Mai multe ziare s-au grăbit să ceară părerea unor istorici, îndată după apariția cărții, așadar înainte ca cei interogați să fi avut vreme să citească sau barem să răsfoiască volumul. Mai toate răspunsurile au fost pozitive.

a) Astfel, domnul Şerban Papacostea semnalează că, deși cumanii fuseseră alungați de invazia mongolă, „o parte dintre ei s-au asimilat și au furnizat «cadre» pentru boierimea română". E o afirmație de preț, datorită personalității excepționale a istoricului. E un punct asupra căruia am insistat și în cartea *Thocomerius–Negru Vodă*, precum și în lucrarea mea ulterioară, *Ce au fost boierii mari în Țara Românească? Saga Grădiștenilor*[1].

b) Domnul Ovidiu Pecican a salutat, de asemenea, „curajul civic al domnului Djuvara" de a fi atras atenția asupra acestui subiect. Dar, întrucât dânsul a publicat un lung articol și după citirea cărții, voi reveni la acel articol mai jos.

c) Domnul Marius Turda, profesor la Oxford, declară și el că „nu e nimic rău în faptul că primii voivozi ai Țărilor Române au fost cumani".

1. Ediția a II-a, Editura Humanitas, 2011

d) Numai binecunoscutul academician şi om politic Răzvan Theodorescu vine cu subtile viclenii: „domnul Neagu Djuvara este un caz înduioşător: a scris în plină maturitate creatoare o remarcabilă carte de filozofia istoriei pentru ca la frumoasa vârstă a senectuţii să descopere istoria, în special istoria românilor. Cu entuziasm tineresc şi fără pic de simţ critic, a preluat din toate orizonturile tot ce i s-a părut pitoresc. Ăsta este domnul Djuvara în materie de istorie a românilor: un istoric pitoresc. Se bucură singur şi îi bucură şi pe necunoscători cu descoperiri făcute cu mult timp înaintea domniei sale" (eu adaug: *dar ţinute sub obroc!* Şi un numai atât, ci şi *negate chiar de domnul academician* câteva săptămâni mai târziu după citirea cărţii mele, în articolul publicat în revista *Historia* pe care l-am analizat mai sus).

Acuza că am descoperit istoria la „frumoasa vârstă a senectuţii" este aidoma tema pe care o va dezvolta cu şi mai straşnică îndârjire arheologul Nicolae Constantinescu. Cât despre expresia „istoric pitoresc", pe care o aruncă în chip de gingaşă defăimare, e, dimpotrivă, privită de mulţi alţii ca una dintre calităţile scrierii mele, când fac istoria mai puţin rebarbativă pentru publicul larg. Bănuiesc, de altfel, ce anume i-a inspirat formula: în cartea mea scrisă în franţuzeşte când eram încă refugiat prin străinătăţi, *Le pays roumain entre Orient et Occident*[1] (acum apărută, puţin scurtată, în româneşte, la Humanitas, *Între*

1. *Ţara română* [în franţuzeşte ia sensul de „Ţările române"] *între Orient şi Occident.* Acum apărută în traducere română la Humanitas. *Între Orient şi Occident. Ţările române la începutul epocii moderne*, 443 pagini, 1995, 2002, 2005, 2006, 2007, 2008, 2009.

Orient şi Occident. Ţările Române la începutul epocii moderne), în scopul de a face mai inteligibile unor străini situaţiile sociale din ţările noastre, am împănat textul cu câteva „fapte diverse“, adică drame umane, cum a fost de pildă sinuciderea unui tânăr ţigan – de fapt copil din flori al unui Cantacuzin! – care în 1856 a determinat, pe moment, hotărârea lui Grigore Ghica Vodă al Moldovei de a decreta eliberarea ultimilor robi ţigani. Era cel mai bun mijloc ca să fac înţeleasă drama ţiganilor robi. Dar o asemenea metodă e erezie, e blasfemiator pentru domnul „istoric de meserie“, pentru care nu sunt admisibile decât cifrele, analiza documentelor şi interpretarea evenimentelor, cu alte cuvinte, „«normalitatea» solemnă a istoriei de cabinet“ (expresia e a lui Andrei Pleşu).

6. Eugen Istodor, Doru Bușcu, Traian Ungureanu

a) Întâi un interviu pe care mi l-a luat domnul Eugen Istodor la doar câteva zile după apariția volumului la târgul de carte și care e tipic din două puncte de vedere: primul, fiindcă dovedește marele, foarte marele interes pe care chestiunea originii lui Basarab Întemeietorul o stârnește în opinia publică; al doilea, fiindcă, prin exagerări și titluri bombastice, reprezintă pentru carte acea publicitate zgomotoasă de care suntem acum acuzați pe nedrept atât Editura Humanitas, cât și eu însumi de către „istoricii de meserie“!

Într-adevăr, articolul din *Cotidianul* e intitulat „Revoluția lui Djuvara. Românii erau numiți cumanii negri“. Două exagerări: 1. n-am făcut nici o revoluție, mulți istorici de-ai noștri știau mai demult adevărul pe care-l proclam, dar îl tăinuiau din acel misterios consemn general care, de mai bine de un veac, a prefăcut istoriografia noastră într-o *Vulgata* intangibilă. Deci revoluționar e doar curajul pe care l-am avut de a dezvălui marelui public taina păstrată cu străşnicie de unii „istorici de meserie“. 2. *nu românii* erau cei numiți „cumani negri“, ci doar cele câteva zeci de mii de barbari de limbă türk care, de vreo 150 de ani, luaseră locul pecenegilor în părțile noastre, purtându-se ca nişte stăpâni ai ţării şi *care erau bine acceptaţi de băştinaşii români*, de unde şi expresia lui Iorga, „simbioza româno-cumană“.

b) A doua zi, tot în *Cotidianul*, domnul Doru Buşcu a publicat un articol ironic sau care voia să trateze chestiunea cu iz de nostimadă: „Fii de daci şi de cumani“. Subtitlu: „Insula noastră de latinitate are probleme la evidenţa populaţiei. La un control de rutină al cărţii de identitate, Negru Vodă s-a dovedit cuman.“ Autorul nu spune lucruri inexacte, dar ia aceste probleme grave în derâdere. Poate să fie şi asta o metodă gazetărească de oarecare eficacitate.

c) În numărul 9 (36) – septembrie 2007 – al revistei *Idei în dialog*, domnul Traian Ungureanu, sub titlul „Cât de adâncă e istoria României?“, ia drept pretext cartea mea pentru a schiţa, după viziunea sa, o caracteriologie a poporului român. „Întrebarea [ce e cu adevărat românesc] formulată implicit în cartea publicată recent de Editura Humanitas a fost înţeleasă greşit şi nici nu putea fi înţeleasă altfel, într-un spaţiu istoric în care problema materialităţii româneşti e confundată constant cu dogma românismului integral, Djuvara a făcut o demonstraţie târzie a normalităţii istoriei româneşti, descifrând o structură inevitabilă în evoluţia tuturor societăţilor: apariţia castelor administrative străine, în fazele de declin sau anarhie istorică. Originea cumană a primilor şefi protostatali pe teritoriul viitoarei Românii a fost întâmpinată ca o veste proastă, ba chiar ca un act de defăimare şi un mare pericol pentru media generală excelentă a românităţii istorice româneşti (un concept cacofonic, înrădăcinat de o lungă tradiţie naţionalistă şi protejat de ignoranţa înfloritoare a învăţământului şi a mediilor de informare, post 1989).“

Nici că se putea defini mai bine răstălmăcirea spuselor mele în mass-media şi la „unii istorici de meserie". Autorul continuă: „Observaţiile lui Djuvara par să fi atins un nerv anume, o stare de incertitudine mai veche. Ceva din nesiguranţa nervoasă pe care o declanşăm în preajma întrebărilor despre ce e românesc depăşeşte explicaţiile curente [...]. Nu e deloc exclus ca undeva în vintrele acestei iritări să se afle o incertitudine justificată, o necunoaştere obiectivă şi o concluzie secretă, dar fermă cu privire la caracterul atipic al existenţei istorice româneşti."

N-aş merge atât de departe. Existenţa istorică românească nu e deloc atipică. Istoria fiecărui popor e atipică. Fiecare „limbă" e produsul unei alchimii unice. De ce să considerăm că straniul amalgam al naţiunii franceze ar fi mai „tipic" decât cel al naţiunii române? Dimpotrivă, e mult mai extraordinar. Cred că explicaţia cea mai probabilă şi cea mai simplă a ultrasensibilităţii românilor la „românitatea" lor (Ungureanu îi zice „cacofonie" acestui pleonasm) se datorează intrării tardive a „Statului" român în concertul european, adică la mijlocul veacului al XIX-lea. Ar mai fi o explicaţie a ignorării istoriei noastre medievale şi moderne de către occidentali: adoptarea dintr-odată a numelui de român (*Roumain, Rumäner*), când apusenii ne cunoşteau de 1 000 de ani ca valahi! E ca şi când ar fi apărut deodată în Europa secolului al XIX-lea o nouă naţiune. Faţă de această ignorare şi subestimare de către străini a fiinţei noastre naţionale, am reacţionat excesiv, febril. Am prezentat istoria noastră în culori mincinoase: umflând exagerat momentele glorioase şi prezenţele ilustre şi minimizând sau chiar tăinuind părţi şi aspecte din trecutul nostru pe care le-am estimat a fi mai puțin glorioase. Acest fel de sensibilitate continuă și astăzi la cei mai mulți. Din fericire, sunt și câțiva istorici mai tineri care și-au schimbat radical atitudinea. În încheiere, cred eronată convingerea domnului Traian Ungureanu că trecutul nostru ar fi „atipic".

Articolul domnului Ungureanu continuă pe mai multe coloane, cu dezvoltarea unei idei originale, anume că perioadele de „eficiență redusă ale statului sunt intervale dominate de apariția în scenă a societății, ca sumă a deprinderilor și discernământului colectiv" – cu alte cuvinte, în voivodatele noastre, în Evul Mediu și în istoria modernă, statul ar fi fost practic inexistent și „istoria" noastră ar fi fost guvernată de inconștientul colectiv. Mi se pare a fi o concepție cu totul eronată. Dimpotrivă, voința voivozilor (cel puțin a multora dintre ei) și intervenția continuă, în viața politică, a marilor boieri au fost permanent prezente și dominante peste masa populației, așa că nu văd care este acea „societate" inventată de Ungureanu. Teza e originală, dar sunt de părere că nu e nicidecum aplicabilă în cazul Țării Românești și Moldovei.

7. Din nou Ovidiu Pecican

În *Idei în dialog* nr. 9 (36) din septembrie 2007, distinsul publicist și ziarist clujean Ovidiu Pecican a publicat o lungă recenzie a cărții mele (opt coloane) sub titlul „Pe când eram cumani, slavi și daco-romani". La început, aprobă răspicat inițiativa mea („răsturnarea tabuurilor etanșe pare să facă deliciul istoricului într-o pastă narativă accesibilă și atractivă stilistic prin directețe și lipsă de sclifoseală) și efortul de a pune capăt mentalității după care adevărul istoric trebuie restituit *doar* în limitele patriotismului". Subliniază de asemenea caracterul de noutate pe care l-am adus printr-o abordare comparatistă, extinsă la limitele istoriei universale.

În continuare, semnalând și lipsurile documentării mele – în special în scrieri apărute în provincie, fără să le condamne însă cu ifosul și agresivitatea altor critici –, autorul reia, cu multe detalieri și aprecieri originale, toată problematica închegării poporului român, o abordare, așadar, mult mai largă. O analiză în amănunt, aici, a viziunii domnului Ovidiu Pecican asupra acestei vaste chestiuni ar necesita lungi discuții ce nu-și au locul aici.

8. Nicolas Trifon

În revista de limbă franceză *Le Courrier des Balkans*, în numărul din 2008, a apărut o recenzie a cărții mele sub semnătura domnului Nicolas Trifon (autor al unui impozant volum intitulat *Les Aroumains, un peuple qui s'en va*, Paris, Acratie, 2005, 477 p.).

În prima parte a articolului, Nicolae Trifon, aromân născut în România, din părinți (poate și bunici) stabiliți în România, el însă de zeci de ani refugiat statornic în Franța, aprobă cu totul teza susținută în cartea mea, a certei origini cumane a lui Basarab Întemeietorul.

În ultima pagină vine însă cu o critică neașteptată: se leagă de o afirmație pe care am făcut-o la p. 145 a cărții mele, când am încercat să dărâm mitul „românului neaoș", citând un mare număr de personalități din trecutul nostru care ar fi fost, parțial sau chiar în întregime, de origine alogenă, și am încheiat cu propoziția: „V-o spune un român neaoș și dinspre mamă, și dinspre tată." Armânul nostru franțuz contestă afirmația mea: „*En effet [...] Neagu Djuvara est issu du coté de son père d'une famille aroumaine arrivée au Valachie du Pinde, aujourd'hui Grèce du Nord, vers 1770.*"

Această contestare revelă un singur lucru: domnul Nicolae Trifon, plecat din România de zeci de ani ca cetățean român, adoptă acum teoria, relativ recentă, a unui grup de aromâni din România, care revendică pentru aromâni statutul de minoritari, ca ungurii, bulgarii, ucrainenii etc. Revendicarea este pornită din motive materiale: grupurile minoritare, chiar și cele puțin numeroase, ca armenii, primesc de la stat subvenții destul de consistente, pentru finanțarea școlilor în limba națională, precum și a altor manifestări ale datinilor strămoșești. Aromânii nu se bucură de acest ajutor și nu pot asigura dăinuirea învățământului în dialect și păstrarea datinilor specifice aromânilor decât prin contribuții private. Această situație nedreaptă ar fi putut fi dreasă de mult pe cale administrativă, găsindu-se altă sursă guvernamentală de subvenție; dar, de zeci de ani, nici un guvern din câte s-au perindat la cârma țării nu s-a învrednicit să se aplece asupra acestei grave probleme. Iată că această vinovată dezinteresare face ca problema să fie mutată pe plan internațional: un „Consiliu MakedonArmânilor", organism constituit la nivel regional și european, în vederea afirmării și promovării identității specifice aromânești, contestă acum apartenența aromânilor la poporul român și își propune să poarte chestiunea în fața înaltelor foruri europene. Consider că faptul e destul de grav la nivel național ca să justifice aici deschiderea unei mai lungi paranteze, doar aparent îndepărtate de subiectul prezentului articol.

De fapt, în afirmația de mai sus e și un grăunte de adevăr. Românii au, mai toți, o viziune greșită a conceptului de națiune; ei pun semnul egal între națiune și limbă: toți cei care vorbesc unul dintre dialectele române, nord-dunărean, aromân, meglenoromân, istroromân, oriunde s-ar afla pe glob, aparţin naţiunii române. Confuzia are rădăcini până în vocabular: în graiul nostru vechi, „limbă“ însemna şi „neam“. Eminescu ne-o mai aminteşte în primul vers din *Scrisoarea III*:

Un sultan, dintre aceia ce domnesc peste vro limbă
Ce cu-a turmelor păşune, a ei patrie şi-o schimbă...

Când priveşti însă la celelalte naţiuni ale Europei, în special în Apusul preaslăvit, marile naţiuni, ca Spania, Franţa, Marea Britanie, Elveţia reprezintă, toate, un conglomerat de limbi diverse. De pildă, când am prelucrat teza mea de docenţă în filozofia istoriei, am putut socoti că în ajunul Revoluţiei din 1789 jumătate din locuitorii regatului Franţei nu vorbeau franţuzeşte. Aceasta nu i-a împiedicat să facă împreună revoluţii şi războaie cumplite şi să se fălească toţi cu numele de francezi.

Definiţia cea mai succintă şi corectă a naţiunii e aşadar: *un grup social mai extins de indivizi, care împărtăşesc un trecut comun şi un proiect comun de viitor*. În acest înţeles, e clar că de nici un aromân din Grecia, Albania, Macedonia – din toată Peninsula Balcanică – nu se poate spune că face parte din naţiunea română; nu împărtăşeşte cu românii nord-dunăreni nici trecutul, nici proiectul de viitor. *Când însă unul dintre ei trece Dunărea stabilindu-se printre români, fiindcă se consideră frate cu ei, dorind să le împărtăşească de-acum destinul, şi acceptă cetăţenia română*, din acea clipă el răspunde celui de al doilea criteriu al naţionalităţii.

E aproape de prisos să reamintesc aici barem câteva nume de vajnici şi mari români de origine aromână, cum au fost mitropoliţii Dosoftei al Moldovei şi Andrei Şaguna al Ardealului – ca de altfel şi predecesorul acestuia, episcopul Vasile Moga; poeţi, ca Dimitrie Bolintineanu, Octavian Goga, Ştefan Octavian Iosif, Ion Barbu, Lucian Blaga (după mamă); apoi sutele de familii care s-au distins în cultură sau politică (Bellu, Darvari, Mocioni, Manicatide, Pherekyde, Djuvara-Juvara etc., etc.).

Mai trebuie insistat şi asupra *adeziunii masive a aromânilor la Mişcarea Legionară*. Cu miile s-au aruncat pasional în lupta acestei mişcări ultranaţionaliste. Aş dori să ne spună domnul Trifon dacă, în gândul dumisale, cei care au mers în această luptă naţională până la moarte (din păcate şi până la moartea celorlalţi – doi din cei trei ucigaşi ai lui I.G. Duca, „Nicadorii", au fost aromâni) s-au alipit la acest avânt naţional românesc extremist în calitate de minoritari?! Suntem în plin absurd.

Voi adăuga şi o mărturie din familie: bunicul meu, Trandafir Djuvara, diplomat de carieră, istoric, membru fondator al Ateneului Român etc., e omul care, la vârsta de numai 24 de ani, fiind secretar la prima noastră agenţie diplomatică de după independenţă, la Paris, a avut iniţiativa şi a reuşit să publice primul *Album Macedo-Român* (Paris, 1880). Mai mult, el e cel care l-a informat pe marele elenist, celebrul profesor de la École des Sciences Politiques, Victor Bérard, de originea vlahă a celor mai mulţi dintre „evergeţii" tânărului stat grec. În cartea acestuia, *La Turquie et l'Hellénisme contemporain* (1897, 1904), se afirmă: „Vlahii au fost, de 50 de ani, binefăcătorii elenismului", enumerând mai toate monumentele din Atena

(Academia, Observatorul, Polytechnion etc.) şi citând nume ca Sina, Dumba, Sturnari, Tuşiţa, Averof. Toate aceste acţiuni ale lui Trandafir Djuvara dovedesc dragostea bunicului pentru locurile de unde se trăgea – de fapt, nu de prea mult timp, abia străbunicul său, tot Trandafir pe nume, fiind primul care a venit din părţile Pindului, cândva între 1770 şi 1780. Dar, v-o spun pe cinste, în cei 16 ani cât „l-am păscut", adică între vârstele de trei ani şi 19 ani, când el a murit, văzându-l des, şezând uneori cu săptămânile la el în casă, la Bucureşti sau la moşie, *niciodată, chiar niciodată, nu mi-a pomenit că eram de origine aromână!* El se voia doar patriot român, bineînţeles cu conştiinţa unei apartenenţe la o ramură mai periferică. Atât. Aşa că eu n-am minţit câtuşi de puţin când am scris că mă consider „român neaoş şi dinspre mamă, şi dinspre tată".

III

CELE TREI ARTICOLE DIN *REVISTA ISTORICĂ*

Au fost publicate după ce s-a ținut, la 16 noiembrie 2007, la Institutul de Istorie „Nicolae Iorga“, un colocviu cu tema „Țara Românească și Moldova în veacul întemeierii“, provocat de apariția cărții mele.

9. Andrei Pippidi

Sub titlul „La originile Țării Românești", domnul Andrei Pippidi, fără a se pronunța asupra temeiului principalei mele asertiuni, anume că Basarab Întemeietorul se trăgea dintr-o spiță de șefi cumani, vine cu trei interesante și erudite comentarii asupra unor surse în general neglijate, privitoare la momentul încropirii Țării Românești.

Primul privește o narațiune referitoare la epoca 1230–1558, cuprinsă într-o cronică redactată în 1836 de popa Ilie de la mănăstirea dâmbovițeană Butoiu și redescoperită tardiv, în 1900, de Virgil Andronoiu, copiată cu lacune și amputări de final, publicată ca atare în 1901. Misterul, neelucidat încă, al surselor acestei cronici, precum și confuzia sau chiar fantezia unor informații aduse privitor la epoca ce ne interesează fac ca această cronică tardivă să fie deocamdată fără folos pentru subiectul nostru.

Al doilea comentariu al domnului Pippidi se referă la faimoasa pafta de aur descoperită în 1920 într-unul dintre mormintele din biserica domnească de la Curtea de Argeș, poreclit, mai întâi, „al lui Negru-Vodă", fiindcă lângă el se făcea, tradițional, o slujbă anuală în pomenirea lui Negru Vodă, dar privind mai probabil un contemporan sau un urmaș al lui Basarab I (chestiune amplu discutată de atunci, nu revin asupra ei aici). Autorul vine cu o ipoteză îndrăzneaţă asupra originii posibile a acelei lebede cu cap de femeie, care se află pe o placă emailată, în poarta castelului feudal pe care-l reprezintă paftaua, imagine pe care primii descoperitori ai podoabei au luat-o drept Maica Domnului. Întrucât un savant britanic a descoperit o origine nord-asiatică a motivului lebedei-femeie, domnul Pippidi se întreabă dacă nu cumva paftaua n-a fost comandată de aici unor meşteri din Ardeal şi devine posibil ca subiectul indicat giuvaergiilor să-şi aibă obârşia *în amintirea unor credinţe ale strămoşilor lui Basarab.*

În al treilea comentariu, autorul reaminteşte foarte pertinent o altă sursă privitoare la conflictul din 1330, anume *Cronica* lui Heinrich von Mügeln, mai tardivă şi puţin mai scurtă decât *Chronicon pictum vindobonense*, dar care introduce un amănunt suplimentar, de interes major, privitor la aspectul trecătoarei în care s-a dat bătălia zisă „de la Posada", *anume că aceasta era largă în faţă şi mai departe strâmtă, deci în formă de pâlnie*, ceea ce îngăduie închipuirea unor lupte de cavaleri.

Oricât de erudite, de interesante şi de preţioase ar fi observaţiile domnului Andrei Pippidi, ele ocolesc chestiunea-cheie din cartea mea, anume probabila origine cumană a lui Basarab Întemeietorul. Păstrez impresia (întărită de fraza din al doilea comentariu, pe care am subliniat-o mai sus) că, aidoma ilustrului său bunic Nicolae Iorga, el s-a convins în sinea lui de cumanitatea lui Thocomerius şi a lui Basarab, dar consideră că nu e *politically correct* s-o spună. Eu, unul, nu vreau să cunosc în istorie lucruri care să fie *politically* corecte şi altele nu. Vreau să disting numai ce cred că e veridic sau plauzibil şi ce nu.

10. Sergiu Iosipescu

O a doua critică din *Revista istorică* e a domnului Sergiu Iosipescu, intitulată „Bătălia de la Posada (9–12 noiembrie 1330). O contribuție la critica izvoarelor istoriei de început a principatului Țării Românești“ (pp. 59–82). Articolul îmi este solemn dedicat cu prilejul apariției cărții mele, dar privește numai desfășurarea bătăliei zise „de la Posada“, eveniment major în sine, dar, în lucrarea mea, cu totul marginal față de tema cărții. La limită, discuția momentului 1330 ar fi putut lipsi în cartea mea, fiind, strict vorbind, „dincolo de subiect“, a cărui discutare e cu totul eludată în cele 23 de pagini ale articolului. Așadar, domnul Iosipescu prinde doar prilejul apariției cărții mele ca să desfășoare o savantă răfuială cu Constantin Rezachevici. Ar fi fost mai firesc să o spună din capul locului și să nu-l numească pe acesta doar într-o notă de subsol, învelit într-o expresie cu iz peiorativ: „contribuțiile găzduite cu generozitate de Anuarul Institutului de Istorie «A. D. Xenopol» din Iași“. Domnul Iosipescu își exprimă părerea de rău că girul meu („venerabilul profesor“) riscă să dea „cititorului neavizat impresia că viziunea lui Rezachevici e «singura posibilă, dacă nu chiar unica reală»“.

Autorul aminteşte apoi de numeroasele încercări, de un sfert de veac încoace, de a găsi o nouă localizare a bătăliei din noiembrie 1330, tăgăduind interpretarea veche – anume că oastea maghiară s-ar fi retras pe drumul cel mai scurt spre Transilvania, adică printr-una din trecătorile de la nord de Curtea de Argeş. Iosipescu e de părere că această nouă tendinţă nu s-a bucurat până acum de o discuţie serioasă între specialişti şi întreprinde, aşadar, o nouă analiză, amănunţită şi foarte erudită, a tuturor surselor ce pot fi evocate în rezolvarea problemei. Nu e cazul, în prezentul volum (unde îmi propun să răspund la nu mai puţin de 16 critici!), să mă încumet a discuta fiecare argument al autorului. Sunt silit să mă opresc numai asupra unor puncte care m-au frapat mai deosebit.

Astfel, de pildă, el contestă opinia susţinută de Maria (Maricel) Holban – cu toate precauţiile verbale datorate regretatei venerabile autoare –, care nu acordă nici o valoare sursei celei mai adesea invocate, anume *Chronicon pictum vindobonense*. Ar fi trebuit, în consecinţă, ca Iosipescu să aibă toată încrederea în celebra sursă. Or, constat că, în decursul lungilor sale comentarii, respinge o seamă de importante detalii din textul cronicii, acordând în schimb toată încrederea miniaturilor care o însoţesc. Este, după convingerea mea, exact contrariul realităţii: miniaturile, după studiile minuţioase ale iscusitei cercetătoare maghiare Agnes Szigeth, *sunt doar copii după ilustraţii „standard" ale unor ilustratori italieni*, la care s-ar fi adăugat doar câteva amănunte considerate caracteristici ale valahilor – ţărani cu cojoace şi căciuli ţuguiate, care aruncă bolovani de pe stânci înalte etc. – şi nu pot deci fi luate în seamă ca descriere a locului (adaug că textul din *Chronicon* nu pomenește de aruncare de bolovani și nici de stânci înalte, dincolo de prisăci și de pădure).

În schimb, domnul Iosipescu contestă un șir de amănunte din textul cronicii care mie, unul, mi se par tocmai vrednice de încredere, deoarece, de la început, autorul cronicii arată oarecare antipatie pentru Carol Robert; apoi, descriind sosirea, la Severin, a unei solii a lui Basarab, relatează apăsat sfatul înțelept pe care un „baron credincios [...] Danciu, comite de Zolyom și de Liptou", îl dă regelui de a primi oferta lui Basarab. Aceasta era, într-adevăr, cât se poate de favorabilă: cuprindea recunoașterea tuturor îndatoririlor de vasal, propunea despăgubirea de 7 000 de mărci de argint, trimiterea unuia dintre fiii lui ca ostatic și, mai cu seamă, însemna o concesie majoră, anume *restituirea Banatului Severinului* coroanei ungare, care-l stăpânise de prin anii 1230[1] – afară de răvășirea provocată de invazia mongolă din 1241–1242 – până la incursiunea tătarilor lui Nogai în 1291 (de care, cum susțin în cartea mea, ar fi profitat, într-o dibace cârdășie, tatăl lui Basarab, Thocomerius-Thoktomer, coborât din regiunea Făgăraș, pentru a purcede, în etape, la unificarea întregului spațiu dintre Carpații Meridionali și Dunăre). Răspunsul trufaș și injurios al lui Carol Robert, care dovedește intenția regelui de a merge mult mai departe decât simplul apel la ordine adresat unui vasal prea independent și de a pune stăpânire pe toată Valahia, *va justifica pe deplin hotărârea*

1. Cum o dovedește clar, în opoziție cu afirmațiile Mariei Holban, recenta lucrare a lui Viorel Achim, *Politica sud-estică a regatului ungar sub ultimii Arpadieni*, Editura Enciclopedică, București, 2008.

lui Basarab, cum va apărea vădit în chiar relatarea cronicii pictate, *de a folosi de-acum orice mijloc*, atât şiretlic, cât şi luptă pentru a respinge pe preatrufaşul rege ungar. Cu atât mai mult, cu cât propunerile lui Basarab aduse de solie la Severin cuprindeau şi ameninţarea că, dacă regele s-ar încumeta să meargă mai departe şi să treacă Oltul, adică în ţinutul său avut legitim în vasalitate, ar putea da de rău.

Pe de altă parte, în polemica lui cu C. Rezachevici, domnul Iosipescu pretinde că acesta a interpretat greşit diploma regală din 26 noiembrie 1332 (care acordă recompense comitelui Pavel şi fratelui său Laurenţiu de Zarand, pentru ajutorul dat în bătălia din 1330), când a pretins să situeze în Oltenia lupta zisă „de la Posada", din pricina propoziţiei din diplomă „în nişte ţinuturi de margine ale regatului nostru ce erau ţinute pe nedrept în ţara transalpină de către Basarab schismaticul, fiul lui Thocomerius". Pentru el, fraza regală ar însemna neîndoielnic că lupta la care participaseră cei doi fraţi a avut loc cu prilejul cuceririi cetăţii Severinului. Eroarea e însă tocmai a lui, fiindcă din nici un izvor nu reiese să fi avut loc lupte pentru dobândirea Severinului; acolo ar fi avut loc numai parlamentările cu solia trimisă de Basarab. Cetatea fusese desigur cedată fără luptă, deoarece, din propunerile aduse de delegatul lui Basarab, ar reieşi că acesta era gata, pentru a evita confruntarea, de a ceda întreg banatul Severinului. În realitate, comitele Pavel şi Laurenţiu de Zarand *au participat la marea luptă dată de oastea ungară în retragere care a avut loc tot prin Oltenia.* Autorul consacră apoi pagini lungi, pline de analize foarte erudite ale surselor, pentru a dovedi temeinicia *Cronicii pictate* şi a *Cronicii ungare* a lui Heinrich von Mügeln – și toate acestea pentru a trage apoi concluzii eronate!

Un alt punct asupra căruia trebuie să zăbovim o clipă e discuția privitoare la sensul ce trebuie dat sintagmei *castrum Argyas*. Chestiunea a suscitat aprigi discuții de mai bine de un veac. Scurtez, amintind că, de pildă, Alexandru Lapedatu (1910) și Nicolae Iorga (1915) au optat pentru cetățuia Poenari, iar P.P. Panaitescu (1967) pentru Curtea de Argeș – căreia, la vremea aceea, i se zicea doar „Argeș“. „Curtea“ va fi un adaos al secolului al XVI-lea, după Neagoe Basarab. Domnul Iosipescu optează, apăsat, pentru Poenari. Cu părere de rău față de marele Iorga, mă așez categoric alături de cei – care-mi par, de altfel, a fi azi majoritari – care optează pentru Curtea de Argeș. Arheologii susțin că Cetatea de Scaun ar fi fost ruinată la acea dată, iar sursele istorice par să indice că Basarab și-ar fi isprăvit domnia în fosta primă reședință, Câmpulung. Nu văd însă cum, la momentul cotropirii ungare, ar fi dus mai departe negocierile finale cu regele Carol Robert dacă s-ar fi ascuns în cuibul de vulturi de pe piscul Poenari. Cine și-a dat o dată osteneala să urce mia de trepte până la cetățuie constată strâmtețea locului. Când știm că Vlad Țepeș a mai întărit și poate și lărgit zidurile, ne putem încredința că cetățuia, pe vremea lui Basarab, n-ar fi putut găzdui decât cel mult vreo 30 de oameni. Să fi căutat Basarab să-și ascundă acolo tezaurul de stat e cu putință. Dar cum să se fi retras el însuși acolo cu sfetnicii cei mai apropiați și cum să fi dus tot de acolo negocierile cu Carol Robert și să fi păstrat legătura cu comandanții oștii sale, pentru a pregăti cursa pe care o va întinde la întoarcere armiei ungare?! Aceasta e atunci strâns înconjurată de oaste românească (pesemne parțial la adăpost prin codri), deoarece o diplomă a lui Carol Robert din 17 octombrie 1337 pomenește de sosirea neașteptată a unei mici trupe trimise de voivodul Transilvaniei, sub conducerea lui Bakò; și notează stupefacția regelui și a celor din jurul lui față de minunea sosirii acestei trupe „apărându-se de dușmani și de primejdia morții" (*se ab adversariis mirabili occasione et excusatione a mortis periculo defensando*). Aceasta dovedește limpede că oastea ungară și regele cu comandanții și sfetnicii regali sunt înconjurați din toate părțile de oastea lui Basarab.

Atunci să ne întoarcem la *Cronica pictată* și să vedem cum ne relatează încheierea negocierilor dintre Basarab și rege, episod major al întregului eveniment pe care, în chip ciudat, domnul Iosipescu, în lungile și amănunțitele lui comentarii, l-a lăsat total deoparte. Un drum de întoarcere mai *drept – iter rectum* – pentru a ajunge la Timișoara nu putea însemna în nici un caz ocolul pe la Sibiu și, mai puțin încă, pe la Brașov, cum a crezut întâi Iorga, impunând istoriografiei noastre legenda „Posadei", care – așa cum descoperim la sfârșitul articolului lui Iosipescu – n-a murit până azi. Pe de altă parte, ceea ce mă supără și pe mine personal în acest articol e că, după ce mi l-a dedicat, nu pomenește un argument complementar pe care-l aduc tezei lui Rezachevici, conform ediției întâi a cărții mele, pp. 182–183, și care cred că merita să fie amintit, anume că oricare ar fi fost calea spre nord, a) valea Oltului spre Sibiu, b) valea Argeșului la nord de Poenari, spre Făgăraș, c) pasul de la Rucăr la Bran, spre Brașov – calea b) fiind, de altfel, de eliminat, ca impracticabilă –, oastea regală s-ar fi aflat dintru început pe cărări strâmte de munte, pe care n-ar putea înainta frontal decât cel mult doi cavaleri: să ne amintim relatările îngrozite ale unor Lady Craven în 1786 și a doamnei Reinhardt în 1806! Nici pe la Rucăr–Bran, nici pe la Sălătruc–Câineni *nu s-ar fi aflat căi lăturalnice* care să permită oastei lui Basarab să depășească armata ungară, ca să pregătească o cursă la trecerea culmii. Așadar, și din această pricină, singura cale firească, singurul *drum drept* către Timișoara era cel est–vest la poalele podgoriilor, paralel cu linia Carpaților. Să zicem aproximativ șoseaua actuală Râmnicu-Vâlcea–Târgu Jiu–Baia de Aramă, de acolo una dintre trecători prin valea Cernei și culmea Carpaților printr-un punct pe care-l socotesc mai nordic decât l-a arătat Rezachevici. Acesta fiind itinerarul urmat de greoaia armie ungară vreme de vreo șase zile, oastea trimisă de Basarab, cavalerii („vitejii"), câți va fi avut înarmați ca și cavalerii apuseni, și mai multe mii de arcași în marș forțat, vor fi putut lua un drum paralel mai la sud, în ținut de șes, și ajunge la trecătoare cu vreo două zile înainte de oastea regală. Vor fi avut vremea trebuincioasă pentru a aduna (azi zicem „a rechiziționa") țăranii și pădurarii care să pregătească prisăci, să taie arbori etc. înainte de sosirea oștii regale.

Ideea afirmată de domnul Iosipescu, cu superbă asigurare, că faimoasa bătălie de patru zile (9–13 noiembrie) s-ar fi dat chiar pe cărările în serpentine din jurul piscului cu cetățuia Poenari mi se pare tocmai cea mai neverosimilă – ea *exclude și surpriza* pomenită de mai toate documentele, și posibilitatea acelor *înfruntări de cavaleri*, indicate și ele cel puțin în două documente regale.

La urmă, cea mai minunată găselniță a domnului Sergiu Iosipescu e descoperirea, pe baza unui înscris din 1747 al mitropolitului Neofit Cretanul, a unui munte chiar pe itinerariul pe care-l crede singurul cu putinţă pentru lupta din 1330 şi care s-ar numi Posada! Şi exclamă glorios, în dorinţa de a mai lăuda zgomotos pe marele istoric: „Astfel, cercul se închide cu menţionarea aici, la trecătoarea de la cetatea Argeşului (Poienarii) a Posadei, dând, ca de atâtea ori, dreptate mirabilei intuiţii a lui Nicolae Iorga. Aşadar, fără temere se poate păstra pentru «bătălia» de la 9–12 noiembrie 1330 denumirea de «la Posada», cu singura precizare că este vorba de Posada de pe Argeşul Superior, de la Cheiani/Arefu." Or, ştiut este că posada lui Iorga era în altă parte. Marele istoric, căruia autorul îi închină o sinceră veneraţie, nu merita aici un grandilocvent elogiu care să nu fie, de fapt, decât un simplu joc de cuvinte.

Domnul Sergiu Iosipescu a făcut, de zeci de ani, împreună cu distinsa sa soţie, importante cercetări arheologice în diverse regiuni ale ţării, e de asemenea autorul unei interesante teze de istorie militară. Are, mai cu seamă, la activ, zeci de articole de medievistică română, adesea cu idei originale care nu sunt împărtăşite de toţi colegii de breaslă. Relev în special un amănunt cu totul remarcabil: în plină eră comunistă, în participarea lui la volumul colectiv *Constituirea statelor feudale româneşti*[1], a sugerat o asemănare a procesului de unire a întregului ţinut dintre Carpaţii Meridionali şi Dunăre (de către Thocomerius sau Basarab) *în vremea unei dominaţii tătare* cu ceea ce s-a întâmplat în acelaşi veac cu marele *kneaz* de Moscova şi Vladimir, Ivan Kalita, care s-a impus fraţilor săi şi tutu-

1. Editura Academiei Republicii Socialiste România, Bucureşti, 1980, pp. 41–95.

ror celorlalți cneji ruși, jucând rolul de „perceptor" al birului datorat suzeranului tătar: „nimic nu îndreptățește negarea posibilității «întemeierii» chiar și în condițiile dominației tătare. Exemplul contemporan al lui Ivan Danilovici Kalita, marele cneaz de la Moscova (1325–1341) prin grația și yarliq-ul hanului Özbeq, dovedește compatibilitatea dezvoltării statale cu dominația tătară" (p. 59). În chip ciudat, îndrăzneața comparație nu a stârnit atunci atenția cenzorilor politici.

Aceste merite ale domnului Sergiu Iosipescu nu mă împiedică însă a considera că articolul publicat acum în *Revista istorică* și care are ambiția de a fi rezolvat definitiv problema localizării bătăliei din 1330 zisă „de la Posada" este cu totul eronat. Nu ține seama de indicații esențiale ale *Chronicon pictum*, iar lupta de cavaleri, clar însemnată de mai multe documente, e o imposibilitate absolută în serpentinele de la piciorul piscului Poenari, unde situează el evenimentul. Pe lângă faptul că exclude pregătirea „cursei" întinse, cu prisăci pe margine de drum și fierăstruirea a sute de copaci, în așa mare apropiere de locul în care staționa oastea ungară. Mențin, așadar, împotriva tezei sale, localizarea în nord-vestul Olteniei, unde a văzut-o, primul, geograful bănățean Drăgălina, apoi Rezachevici și pe care am susținut-o și eu, cu argumente adiționale.

11. Matei Cazacu

Sub titlul *O controversă: Thocomerius–Negru Vodă*[1], domnul Matei Cazacu e singurul care atacă frontal teza mea; se cuvine, așadar, să caut un răspuns la fiecare dintre argumentele lui mai de seamă. Dar, mai întâi, o mărturisire: nu țineam minte sau poate nici n-am știut că Nicolae Bălcescu ar fi „cel dintâi care a relevat originea străină a boierimii române“, pe când eu, în carte, n-am citat decât lucrarea lui Constantin Giurescu. Dar, dacă e vorba de întâietate, trebuie să urcăm și mai departe decât la Bălcescu, lucru pe care l-am pomenit incidental în cartea mea *Între Orient și Occident*, anume amintirile contelui de Legar-de-Chambonas, care, în trecere pe la București, în 1812, s-a îndrăgostit de o tânără Filipească, văduvă Slătineanu, și a întârziat un an în oraș. Tânăra boieroaică i-ar fi spus că „boierii de viță veche spun că ei se trag din slavi și că ei sunt de alt neam decât cel al oamenilor de rând, care se trag din romani amestecați cu daci“... Se vede, așadar, că tema era cunoscută mai demult printre boieri. Or, mama lui Bălcescu era din boierime.

1. *Revista istorică,* tom XIX, 2008, nr. 1–2, pp. 49–58.

Dar să venim la primul argument împotriva tezei mele: domnul Cazacu nu acceptă paralelismul pe care-l fac între barbarii germanici care au întemeiat state în Occident, în Galia, în Spania, în Italia, în Britania, cărora le-au lăsat uneori numele lor – Francia, Burgundia, Lombardia, Anglia – și barbarii din Europa Răsăriteană: „ce caracter aveau «statele» bulgarilor lui Asparukh la 678 [...], dar, în orice caz nu erau state medievale, ci confederații de triburi, întocmai ca hunii, avarii și toate celelalte avataruri ale imperiului stepelor, pe care el [Neagu Djuvara] le consideră în mod bizar popoare distincte: pecenegii și cumanii"... Observația nu-i valabilă, căci paralelismul dintre francii din Galia și bulgarii din Moesia nu trebuie luat la momentul năvălirii la sud de Dunăre a protobulgarilor, ci la momentul întemeierii regatului creștin al lui Boris, 150 de ani mai târziu. După cum *regatul catolic* al lui Clovis s-a impus în Galia abia la vreo 200 de ani de la începutul coborârii francilor din Germania de Nord și Olanda de azi. Și cum poți considera că primul țarat bulgar, cu un rege (sau împărat) recunoscut de patriarh și de papă, cu o solidă structură de *boljari*, regat în stare să țină piept vreme de generații imperiului bizantin și să dărâme imperiul avar, de conivență cu Francia lui Carol cel Mare, cum poți considera, repet că, în orice caz, „nu era stat medieval", ci o confederație de triburi? Și regatul croat „înghițit", în formulă feudală, de regatul ungar la sfârșitul veacului al XII-lea, păstrând veacuri de-a rândul o solidă aristocrație, n-a fost nici el „stat medieval"? N-a fost nici Serbia Nemanizilor, timp de aproape trei veacuri, un stat medieval? De altfel, pentru paralelismul Orient–Occident, de ce să nu pomenim şi de cazul primului stat rusesc al lui Riurik (Rørik, Hrœrekr, Hrörek)? Oare *Cântecul despre oastea lui Igor* nu spune, cu atât de candidă sinceritate, cum norodul din Novgorod îl cheamă pe şeful vareg să-l cârmuiască, fiindcă ei nu se pricep? Şi, în acest caz, barbarul întemeietor îşi lasă numele scandinav, *rus*, ţării nou fondate de această aristocraţie de barbari germanici, *care nu întemeiaseră nici ei, până la acel sfârşit de veac al IX-lea, nici un stat în Scandinavia*! Domnul Matei Cazacu ne aduce, aşadar, pentru a refuza paralelismul pe care l-am arătat, un argument cu totul neîntemeiat.

Dar următoarea observaţie, cuprinsă în aceeaşi frază, îmi pare şi mai inexactă, anume că pecenegii şi cumanii nu erau popoare distincte, „ci doar noi confederaţii formate din aceleaşi materiale, triburi de păstori nomazi, având în fruntea lor un trib dominant". Deoarece e cazul aici de două popoare turcice, vorbind dialecte distincte (pe care bizantina Ana Comnena putea să le confunde, dar pe care lingviştii de azi sunt capabili să le deosebească), de ce autorul nu adaugă şi celelalte dialecte türk apropiate ale selgiucizilor care au fondat o împărăţie puternică; şi pe turcii lui Timur Lenk, a căror împărăţie a fost şi mai puternică, şi turcii otomani, a căror împărăţie a ţinut peste 600 de ani? Fost-au toate acestea numai „nişte avataruri ale imperiului stepelor", cum scrie el? De asemenea, mi se pare greşit să spui că pecenegii şi cumanii n-au fost „popoare distincte". Pecenegii au fost mult mai puţin organizaţi şi mai sălbatici decât cumanii. Au putut doar să-i împingă pe ungurii de dincolo de Nistru până în pusta Panoniei; apoi, în sălăşluirea lor vreme de 200 de ani la răsărit şi sud de arcul Carpaţilor, să pornească neîncetate năvăliri împotriva regatului ungar constituit sau a imperiului bizantin; până când basileul Alexis Comnenul, în 1092, în bătălia de la Lebunion, a izbutit să-i zdrobească *cu ajutorul cumanilor*, pretinşii lor fraţi, care le iau locul în spaţiul carpato-dunărean.

Cumanii, în contrast, sunt stabili în marele spaţiu din sudul Ucrainei de azi (cumanii albi) şi până în Muntenia (cumanii negri). Istoricii au putut vorbi de „imperiul cumanilor“. Sunt faimoşii *polovtsi* în perpetuu război cu cnezatele ruse. Dacă n-au avut întotdeauna un singur împărat, în momentele de mare cumpănă şi-au ales de fiecare dată o căpetenie, ca, de pildă, regele Cuthen din vremea invaziei mongole. Acesta e primit ca un partener de regele Béla al Ungariei, iar uciderea lui absurdă de către plebea ungară a stârnit o răzvrătire generală a cumanilor refugiaţi la vest de Carpaţi, zădărnicind, în plină invazie mongolă, toate planurile regelui. Fără să mai pomenesc şi de celălalt mare grup cuman, care, în faţa valului mongol, a ales refugiul către sud, în frunte cu Jonas. Cruciaţii de la Constantinopol îi zic „rege“ şi superbele prinţese cumane sunt luate în căsătorie de mari seniori francezi. Unul e chiar rudă cu regele Ludovic al Franţei, „Saint-Louis“!

Mai departe, nu înţeleg deloc argumentul domnului Cazacu: „Dacă aceşti cumani erau cu adevărat un popor politic, creator de stat, atunci de ce n-au creat nimic, nici un stat între anii 1100 şi 1300 în spaţiul enorm pe care-l dominau, din Oltenia până-n Caucaz“? Mai întâi, am dovedit în fraza precedentă că afirmaţia e incorectă, apoi ce fel de raţionament e acesta? Oare francii au creat state înainte de Clovis, în veacurile migraţiei lor de dincolo de Rin până în inima Galiei? Şi vizigoţii, pe parcursul miilor de kilometri de pe malurile Mării Negre până în Spania? Și longobarzii, până au întemeiat un regat în Italia, și vandalii, până s-au așezat în Africa? Încă o dată, argumentul nu ține. Aș mai adăuga ceva: din faptul că în hărțile care ne-au parvenit de pe acele vremi Muntenia noastră e numită „Cumania“, ne putem logic imagina că dacă n-ar fi apărut imprevizibila năvălire mongolă din 1241 cumanii din părțile noastre, creștinați în masă în rit apusean, ar fi format curând, sub oblăduirea regelui Ungariei, un ducat *care ar fi păstrat probabil numele de Cumania din hărțile epocii.* Limba sedentarilor, româna, s-ar fi impus, fără îndoială, cum s-au impus cu vremea dialectul slav din sud în Bulgaria, dialectele galo-romane în Francia și un dialect nord-italian în Longobardia. Cu asemenea imagine în minte, putem concepe mai lesne cum s-a putut ca dintre cele puține căpetenii cumane care n-au înțeles să părăsească posesiunile lor din Țara Valahilor, pentru a se refugia în vestul Ungariei, să se ivească apoi spița Thocomerius-Basaraba, care să dea remarcabila dinastie fondatoare căreia îi zicem a Basarabilor; precum și o seamă de alți „conaționali“ ai lor, pe care i-am arătat în carte ca fiind, foarte probabil, strămoșii unora dintre cele mai însemnate neamuri de mari boieri din Țara Românească. Am cutezat să scriu că tot acest grup a reprezentat „vârful de lance“ al procesului de constituire a primului stat român – proces care n-ar face decât să asemuiască nașterea Țării Românești cu cea a *tuturor celorlalte state medievale europene.*

Cu privire la probabila coborâre din Țara Făgărașului a unui voivod al românilor cu numele de Thocomerius (sau Thoctomer), domnul Cazacu scrie iarăși ceva ciudat:

„mi se pare imposibil de admis ca un tătar ortodox sau un cuman catolic să fi putut să devină voievod al românilor în Făgăraş, sau oriunde în Transilvania“. N-a găsit oare chiar în cartea mea citatul din Rásonyi, unde ni se arată *zeci de căpetenii*, cnezi ai grupurilor de români din Ardeal, care purtau nume turanice ca Aldemir, Barcan sau Bracan, până la Şişman, Tutar şi Uzun? Vădit, comunităţile valahilor sedentari luaseră de câteva veacuri obiceiul de a-şi alege ca apărători şefi barbari războinici, cum am arătat cazul lui Riurik la slavii din nord.

Mai apoi încă o afirmaţie gratuită (pentru a minimiza influenţa cumană în ţara noastră), anume că „cumanul înapoiat“ n-ar fi lăsat în limba română decât vreo cinci cuvinte. De unde această siguranţă? De o sută cincizeci de ani lingviştii şi istoricii noştri şi-au dat seama că *miile de turcisme* din limba noastră nu erau toate de origine otomană, ci multe lăsate în treacăt de precedenţii noştri năvălitori de limbă türk, ca pecenegii, uzii şi cumanii. Pe plan toponimic, lucrul e lesne de desluşit: Bărăgan, Teleorman, Caraiman, Barcan (vezi satul Bărcăneşti), Tâncabă (vezi Tâncăbeşti) au prea puţine şanse de a fi de origine otomană. Pentru cuvintele comune, selecţia e mai greu de făcut, afară de termenii de civilizaţie mai tardivă, ca ibric, cazan, lighean etc., care sunt aproape sigur otomane. De unde ştie domnul Cazacu că nu ne-au lăsat cumanii decât cinci cuvinte? De altfel argumentul n-are mare greutate: longobarzii, de pildă, n-au lăsat nici un cuvânt în dialectul italian din Lombardia, şi „francismele“ sunt foarte rare în franceză, ceea ce nu infirmă vădita prezenţă masivă a francilor peste populaţia băştinaşă.

Cazacu atacă apoi problema numelui Thocomerius. Nu numai că nu vrea să reţină savantele explicaţii ale orientaliştilor Lászlo Rásonyi şi Aurel Decei, care consideră forma cancelariei ungare o evidentă deformare a numelui Thoctomer sau Thoctomerie, întâlnit aiurea în Cumania (însemnând etimologic „fier călit"), ci se leagă şi de faptul că nu ne e pomenit decât o dată, incidental, în actul regal din 22 iunie 1332, iar o dovadă unică n-ar fi credibilă. Avem aici o aplicaţie, conştientă sau subliminală, a faimoasei axiome de drept roman *testis unus, testis nullus* – o singură mărturie n-are valoare. Afirm categoric că amintita axiomă juridică, aplicabilă proceselor între indivizi, e inaplicabilă în istorie: ziduri întregi din uriaşa, dar atât de şubreda construcţie a istoriei universale s-ar prăbuşi dacă am înlătura toate mărturiile unice. Exemplul cel mai celebru şi cel mai grăitor e chiar războiul peloponesiac, descris numai de Tucidide, părintele istoriei. S-a putut chiar scrie că fără Tucidide războiul Peloponezului nu există – această mare încleştare între două coaliţii din sânul lumii elenice, care a însemnat o cotitură majoră în istoria Antichităţii, începutul a ceea ce Toynbee, după terminologia istoriei Chinei, a numit *The Contending States* – „era regatelor combatante" a civilizaţiei antice. Vom vedea mai departe că, din păcate, domnul Matei Cazacu nu e singurul care strecoară îndoială în mintea cititorului cu acest fals pretext al mărturiei unice. Şi vă întreb, acest nume Thocomerius, al tatălui voivodului „transalpin" pomenit întâmplător într-un document ungar intern, de ce ar fi greşit? De ce ar fi fost inventat? Nu e, dimpotrivă, o dovadă clară că personajul era bine cunoscut de cancelaria regală? N-o fi cumva el acel voivod al valahilor căruia voivodul Transilvaniei Ladislau Kán i-a dat în 1308 să-l țină captiv pe Otto al Bavariei, contracandidatul lui Carol Robert? Și voivodul valahilor l-ar fi făcut scăpat? Motiv în plus ca personajul să fie prea bine cunoscut de cancelaria lui Carol Robert?![1]

Domnul Cazacu se întinde apoi pe o pagină întreagă în polemică cu Rásonyi, cu Maria Holban și cu alții, ca să ne spună că Thocomerius sau Thocomer sau Toq-tämir sau Toq-tomür nu sunt, *cu siguranță*, nume cumane. Atunci ce? Pecenege? Uze? În orice caz, nu slavo-române, *quod erat demonstrandum*. Să-mi dea voie amicul Matei să-i spun că toată pagina e curată cârcotă, ceea ce franțujii numesc *ergotage*. Faptul, de pildă, că Rásonyi împinge ipoteza până la a-l face pe Basarab coborâtor probabil din Genghis-Han nu schimbă cu nimic certitudinea că ambele nume, Thocomer și Basaraba, sunt de origine turanică și are dreptate Rásonyi să spună că, în nici un caz, cnezii și voivozii slavo-români și creștini nu și-ar fi botezat copiii cu asemenea nume.

Cazacu atacă în continuare problema familiei de cuvinte „a descăleca, descălecat, descălecătoare“, înecând-o într-o serie de citate ale acestor cuvinte în decursul veacurilor, toată pagina neavând nici o legătură cu originea semantică a termenului „descălecat“. E de prisos să deschid aici o discuție. Trimit pe cititor la excelentul articol din *România literară*, de care mă ocup mai jos, al doamnei Rodica Zafiu, care confirmă competent și clar

---

1. Un nou studiu și o nouă interpretare atentă a cronicii lui Ottokar de Styria, care evocă această întâmplare, ar putea să înlăture definitiv ipoteza adesea susținută că ar fi fost vorba de un voivod din Moldova.

interpretarea mea, fiindcă pur şi simplu altă explicaţie logică a termenului nu e cu putinţă.

În continuare, se leagă de numele *Negru Vodă*, pe care pare a-l accepta să fi fost de la origini şi *Radu Negru Vodă*, ceea ce e infirmat de faptul că legende cu Negru Vodă sau cetăţi ale negrului vodă apar cu cel puţin 100 de ani înainte de forma *Radu Negru Vodă*. Asupra acestui punct există azi o cvasiunanimitate între istorici pentru a admite că Radu a fost un adaos tardiv de la sfârşitul veacului al XVI-lea în documente bisericeşti, confuzia fiind provocată pesemne de munificenţa lui Radu cel Mare (1495–1508), de la care au rămas multe documente de danii către mănăstiri. Sau adaosul să pornească, mai curând, chiar de la Radu I (1376–1385), nepot de fiu al lui Basarab, deci mult mai apropiat de legendarul Negru Vodă.

Apoi pune la îndoială documentul pe care l-am considerat capital, anume hrisovul lui Gavriil Movilă voivod de la 13 noiembrie 1618, care întăreşte Bisericii Domneşti din Câmpulung stăpânirea satului Bădeşti, care fusese însuşit pe nedrept de marele boier Badea Bolosin. Consider acest document capital fiindcă e singurul care, menţionând un altul din 1352, ne dă clar succesiunea Negru Vodă – Basarab – Nicolae Alexandru. Îl citez pe domnul Cazacu: „Este adevărat că un act din 13 noiembrie 1618 dat în favoarea mănăstirii Câmpulung, care reproduce unul mai vechi din 1351–1352, precizează că satul Bădeşti fusese dat de «Io Neculai Alixandru Voevod, nepotul răposatului Negru Radul voevod». Dar nu ştim dacă această filiaţie se găsea în actul original sau a fost reconstruită de diacul de la 1618, Şerban din Fierăşti, fratele mai mare al lui Udrişte Năsturel.“ Cazacu introduce iarăşi aici nişte dubii nejustificate, căci, bizuindu-se pe erudiția lui, insinuează că diacul, fiind fratele lui Udriște Năsturel, care era cumnatul lui Matei Basarab, ar fi introdus de aceea un adaos mincinos! Acuzația e lipsită de orice temei: în 1618, chiar dacă aga Matei din Brâncoveni nutrea de pe atunci, în taină, nădejdea de a râvni domnia, în nici un caz fratele cumnatului său, care lucra acolo din ordinul lui Gavriil vodă Movilă, nu putea născoci un fals, de dragostea lui Matei care nu-și zisese încă Basarab... Aduc apoi în întărirea filiației pomenite în 1618 pe cea dintr-o judecată poruncită de Constantin Șerban Basarab în 1656, într-o pricină între mănăstirea Câmpulung și biserica Baraților din același oraș: după meticuloasă cercetare, boierul trimis de vodă la fața locului dă dreptate Baraților, fiind dovedit că biserica fusese făcută de doamna Marghita a „Negrului voivod", care era catolică.

În sfârșit, ca mulți alți istorici ai noștri, domnul Cazacu pune la îndoială faptul că Basarab și fiul său Alexandru ar fi fost catolici. Comentând cunoscuta scrisoare a papei Ioan al XXII-lea din 1 februarie 1327, în care acesta îl numește pe Basarab „*dilectus filius, princeps devotus catholicus*", scrie: „însă aceasta nu înseamnă că se convertise la catolicism, ci doar că recunoscuse autoritatea supremă a papei și pe aceea a episcopului catolic din Transilvania: cu alte cuvinte, era unit, după cum a dovedit-o fără putință de tăgadă monseniorul Aloisius Tăutu încă din 1954"... Numai că, după părerea mea, ambii se înșală, fiindcă *Basarab n-avea nevoie să se convertească, era catolic de la botez*, fiind, după succesiunea probabilă a generațiilor, a treia generație de cumani botezați de la botezul colectiv din 1228 la viitoarea episcopie „*Milcovensis*“. Tot astfel şi fiul său Alexandru, care şi el va fi caracterizat de papalitate „catholicus“..., înainte de a se preface în Nicolae Alexandru. Nicolae Alexandru a fost, aşadar, botezat catolic cu numele de Alexandru şi înmormântat ca ortodox doar sub numele de Nicolae... Dar acestea rămân subiecte tabu şi lucrările explicative în acest sens ale lui Daniel Barbu sunt îngropate în nisipul adânc al tăcerii. Regele Ungariei, din interes politic, sau poate şi după anumite gesturi ale lui Basarab sau ale lui Alexandru în favoarea bisericii ortodoxe a majorităţii populaţiei, îi face pe amândoi „*schismatici*“ – şi istoricii care-s neprieteni cu Negru Vodă şi ascendenţa sa cumanică se încred mai mult în cuvântul regelui Ungariei decât în cuvântul papei.

Cu aceasta, închei răspunsul meu la critica amicului Matei Cazacu, zicând cu părere de rău că nu găsesc în articolul său absolut nici un argument valabil care să infirme teza descinderii lui Basarab I dintr-o spiţă de şefi cumani.

IV

ARTICOLE VIOLENT OSTILE

12. Adrian Andrei Rusu

Articolul din cuprinsul publicației electronice www.medievistica.ro, al unui distins arheolog de la Cluj, domnul Adrian Andrei Rusu, e deosebit în felul lui. La început e destul e laudativ, ba chiar mă consideră prea timid în afirmațiile privitoare la păcatele „eșafodajului glorios" al istoriografiei noastre oficiale. Dar deodată, la jumătatea articolului, arheologul își arată iritarea față de absența sau sărăcia referințelor arheologice în lucrarea mea – fapt adevărat. Trebuie, așadar, să deschid aici o paranteză.

Am considerat din capul locului că lucrările de arheologie aveau prea puține șanse de a-mi aduce vreo lămurire asupra originii etnice a lui Basarab, motiv pentru care n-am întârziat în cercetarea lor. Mă înșelam cel puțin într-un punct, anume în ce privește rezultatul cercetărilor asupra mormintelor din biserica domnească de la Curtea de Argeș. Acestea, când ai îndrăzneala să tragi concluziile evidente, aduc indicii foarte prețioase asupra originii cumane a voivodului întemeietor al Țării Românești și a celor ce îi erau apropiați – mă refer mai cu seamă la misteriosul Nan Udobă, din mormântul nr. 7. (Autorul nu citează decât lucrările, tardive, ale lui Nicolae Constantinescu, la Curtea de Argeș, nu și voluminosul *Buletin al Comisiunii*

Monumentelor Istorice din 1923, între altele cu rezultatul săpăturilor lui Virgiliu Drăghiceanu.) În altă parte, am explicat de ce n-am citat remarcabilele lucrări ale lui Victor Spinei: fiindcă nu-i privesc decât pe turanicii din Moldova și nu se ating, oricum, de problema lui Basarab.

Spre sfârșitul articolului, domnul Rusu emite, ca și alții, dubii privitoare la Thocomerius: „Nu am fost convins deplin de identitatea sa cu Negru Vodă [...]. El figurează *doar* într-un singur act autentic. «Cartea» de la 1618 a lui Gavriil Movilă, care invocă vederea unui izvor dispărut, de la 1352, prin care se făcea filiația Negru Vodă–Basarab..." Iarăși invocarea axiomului juridic *testis unus, testis nullus*, a cărui folosire în istorie o refuz cu desăvârșire. În plus, nu asociază, cum fac eu, documentul din 1618 cu altul, din 1656, tot de la Câmpulung, care aduce o întărire celui dintâi.

În altă parte găsim textual: „Nu vom descoperi nici o pagină folosită din cele ale lui Radu Popa scrise despre Țara Hațegului"... Or, chiar din p. 14 a cărții mele se află un lung citat din Radu Popa! Voi mai adăuga, pentru informarea domnului Rusu, că, foarte curând după întoarcerea mea în țară în 1990, l-am întâlnit pe Radu Popa la Grupul pentru Dialog Social și a fost începutul unei strânse relații, care a ținut din nefericire doar câțiva ani, până la moartea sa prematură. Destul însă ca să citesc atunci toate cărțile lui, precum și articolele de după „Revoluție". Am păstrat apoi legătura cu familia lui, și fiica lui, Irina, când s-a pregătit publicarea postumă a unei colecții de articole ale lui Radu Popa, mi-a trimis anticipat tot manuscrisul. Dar, potrivit domnului Rusu, n-am citit „nici o pagină" de-a lui!

Şi mai grav, în altă parte scrie: „Mai mult chiar, nici vechiul şi extinsul tom al lui Gheorghe I. Brătianu despre tradiţia istorică a întemeierii se pare că nu este cunoscut." La p. 113 din cartea mea apare însă fraza: „Ideea că Basarab ar putea fi de origine cumană – istoricii noştri, chiar dintre cei mai luminaţi, ca de pildă Gheorghe Brătianu, o recuză cu o stranie unanimitate"... Înseamnă că citisem din Gheorghe Brătianu. Trebuie şi aici să-l informez pe domnul Rusu că în momentul în care a apărut cartea lui Gheorghe Brătianu *O enigmă şi un miracol istoric: poporul român*, întâi în limba franceză, ca replică marelui istoric francez Ferdinand Lot, care, în cartea sa despre năvălirile barbare, adoptase ipoteza formării poporului român la sud de Dunăre, eu, care chiar în anul precedent îl avusesem profesor la Sorbona pe Ferdinand Lot, m-am dus să-l văd pe Brătianu. Acesta mi-a încredinţat un exemplar al cărţii, pe care l-am dus ilustrului meu profesor, încercând şi eu, în lung dialog, să combat teza imigrării din sud.

Când a apărut prima dată *Tradiţia istorică despre întemeierea statelor româneşti*, în 1945, eu eram de-acum în străinătate. Când însă, între 1970 şi 1985, mi-am prelucrat cartea *Le pays roumain entre Orient et Occident*, am obţinut lucrarea, nu mai ştiu dacă trimisă din ţară sau căpătată de la Biblioteca Română din Freiburg im Breisgau. Iar când m-am întors în ţară am mai cumpărat ediţia din 1980 – apărută după reabilitarea lui Brătianu în vremea ceauşistă – şi am recitit-o din scoarţă în scoarţă. Dar, pentru autor, „vechiul şi extinsul tom [...] se pare că nu(-mi) este cunoscut".

După aceste două grosolane erori în recenzia domnului Rusu, cred că e de prisos să mai fac enumerarea celorlalte critici ale dumisale. Și, întrucât e mult mai tânăr decât fiică-mea, am să-i dau un sfat părintesc: să se abțină de a mai face critica – și o critică acerbă! – *unor cărți pe care nu le-a citit*, ci doar răsfoit, ghicind din text, în diagonală. Va fi mai bine pentru reputația dumisale de savant.

13. Nicolae Constantinescu

Domnul Nicolae Constantinescu de la Institutul de Arheologie „Vasile Pârvan“. Recenzie a cărţii *Thocomerius–Negru Vodă*, în Muzeul Judeţean Argeş, *Argesis. Studii şi comunicări – seria Istorie*, Tom XVI, 2007.

Nu e de mirare că şi aici avem de-a face cu un arheolog. Trebuie să deschid aici o paranteză mai lungă.

Într-adevăr, la argumentul pe care l-am dat la începutul răspunsului meu domnului A.A. Rusu, anume credinţa că studiile arheologice, în general, mi-ar fi fost de prea puţin ajutor în lămurirea originii etnice a lui Basarab, s-a adăugat pesemne, pe ascunse, o sfială destul de des întâlnită la istorici faţă de temeinicia concluziilor arheologilor. Să ne înţelegem: rămâne în afara oricărei îndoieli că arheologia e prima şi cea mai însemnată dintre ştiinţele auxiliare ale istoriei. De la un punct în sus, în timp, adică în preistorie şi, mai vârtos, în paleontologie, e aproape singura sursă. Dacă ne întoarcem însă către timpuri mai apropiate, adică după apariţia documentului scris, arheologia întâlneşte un rival, un rival curând copleşitor: lingvistica. Iar avantajul, superioritatea lingvisticii în comparaţie cu arheologia decurge din faptul că în ultimele decenii s-a înaintat atât de senzaţional în cercetarea lingvistică, încât specialiştii ştiinţelor zise „exacte“ au acceptat aproape să cuprindă lingvistica în categoria „Ştiinţe exacte“. De unde marea încredere pe care o au azi toţi istoricii în afirmaţiile lingviştilor, contrastând cu sfiala faţă de unele concluzii ale arheologilor. Aceştia sunt atât de rar de aceeaşi părere când e vorba de interpretarea unei cercetări, încât li s-ar putea aplica lozinca din vechime privindu-i pe medicii din Antichitate: „Când Hipocrate zice da, Galenus zice nu“! De unde, adesea, dubiile istoricului faţă de afirmaţiile arheologului.

Am avut privilegiul de a mă bucura de încrederea a doi mari lingvişti indoeuropenişti, Cicerone Poghirc şi Dan Sluşanschi, cu care am dezbătut, între altele, dificultatea de a se ajunge la o mai strânsă şi permanentă colaborare între arheologi (mai toţi dintre aceştia fiind şi istorici) şi lingvişti. Dan Sluşanschi m-a luat cu dânsul la mai multe lungi şi pasionante şedinţe de colaborare „arheologi–lingvişti“ – după impresia mea, fără mari rezultate. La una dintre ele, un arheolog destul de vârstnic, cărunt şi hirsut (şi care se mai distingea şi printr-o atât de grea patimă a tabagismului, că nu sta în sală, ci, ascuns ca într-o dugheană, în spatele unei uşi de lângă catedră); când s-a putut abţine cinci minute de la tutun, a venit să ne spună că el, negăsind în Rusia destule oseminte caracteristice, nici destule cioburi lesne de clasat, nu credea în existenţa unei mişcări a indoeuropenilor de la est spre vest. Când, faţă de evidenţa unor valuri milenare care au adus familii de limbi înrudite peste tot continentul european, cu excepţia nucleului montan al Ţării Bascilor, auzi asemenea enormităţi debitate de unul considerat savant de colegii de breaslă, se abate deodată un fel de val de neîncredere asupra întregii științe arheologice.

Să ne întoarcem acum la recenzia domnului Nicolae Constantinescu, care prezintă particularitatea, caracteristică autorului, că din cele cinci pagini și jumătate cât se întinde, primele două, așadar, peste o treime, sunt un atac la persoană, o adevărată întreprindere de dărâmare a personalității autorului. După care, bineînțeles, criticile apar firești, logice: eu nu puteam produce decât această carte, plină de aberații.

Și, iarăși original, această întreprindere de dărâmare se sprijină, esențial, pe ale mele *Amintiri din pribegie*[1]! Cartea, de mare succes de librărie, suscită în general, avem nenumărate dovezi, mai mult simpatie pentru *sportivitatea* (termenul e al lui Andrei Pleșu) cu care am primit toate tribulațiile, accidentele și necazurile din lunga mea existență; domnului Constantinescu îi folosește, dimpotrivă, ca arsenal de argumente cu totul negative: pe la mijlocul vieții mele ajunsesem un om copleșit de întâmplări nefericite, îmi pierdusem țara, situația, averea, eram despărțit de cei dragi din țară, și iată că ajunsesem, fără entuziasm, un mercenar al peniței în țara cea mai săracă din Africa și mă părăsise acum și soția. Înjghebasem, cu lungă trudă, o docență de filozofie a istoriei la Sorbona, dar nu-mi folosea la nimic. Într-un cuvânt, eram un om năpăstuit, un neisprăvit. Și iată că, tam-nesam, la 50 de ani, mă trezesc să scriu istorie românească! Subliminal: cum poate asemenea om, la acea vârstă, să scrie istorie

---

1. *Amintiri din pribegie (1948–1990)*, Albatros, 2002; Humanitas, ediția a VIII-a, 2011.

românească valabilă? *Quod erat demonstrandum*. Interesant e că se potriveşte aici, aproape cuvânt cu cuvânt, cu domnul academician Răzvan Theodorescu! Vorba franţuzului, *qui se ressemble, s'assemble*.

Domnul Constantinescu, dacă tot a citit atât de atent amintirile mele, a putut vedea că nu chiar aşa, tam-nesam, la 50 de ani, m-am trezit să scriu istorie românească. Ar fi reţinut că, înainte chiar de a fi început lucrarea mea de teză de filozofie a istoriei, care avea să mă „deruteze“ douăzeci de ani către studierea istoriei universale, în anii 1950–1951, când urmam la Hautes Études, în mansardele Sorbonei, pasionantul seminar de critică istorică al lui Alphonse Dupront, îi dezvăluisem acestuia ambiţia mea de a încerca o lucrare care să explice mai bine fenomenul, capital, de trecere a noastră de la lumea turco-fanariotă la îmbrăţişarea, pasională, a civilizaţiei occidentale, îndeosebi a celei franceze. Dupront m-a întrebat atunci, puţin ironic... „Vreţi să-l rescrieţi pe Pompiliu Eliade?“. Fusese, şapte ani, directorul Institutului Francez de la Bucureşti şi cunoştea, bineînţeles, celebra carte *De l'influence française sur l'esprit public en Roumanie*. Reamintesc acest episod aici pentru a arăta cât de permanentă mi-a fost, din tinereţe, preocuparea pentru istoria românească, care n-a fost înlăturată nici o clipă, în mijlocul studiului marilor civilizaţii. Până şi în teza mea de doctorat în drept am avut preocupări de istorie românească[1].

Fuseseră apoi câteva încercări, să le zicem, accesorii: de pildă, vreme de mai mulţi ani adunasem cu ce să scriu

1. Neagoe M. Djuvara, *La législation roumaine en matière de nationalité*, Thèse pour le doctorat présentée et soutenue le 1er juin 1940, Paris, Les Éditions Domat-Montchrestien, 1940.

un capitol din *Noul album Macedo-Român*, care a apărut la Freiburg în 1965, cu erori inerente provocate de sărăcia documentației în străinătate.

Apoi, în 1972, cu prilejul tricentenarului nașterii lui Dimitrie Cantemir, la îndemnul lui Eugen Lozovan, care, de la Copenhaga, m-a ținut la curent, în tot timpul șederii mele în Africa, cu cele mai importante apariții editoriale românești sau despre România, am scris un lung articol intitulat „Demetrius Cantemir philosophe de l'histoire", care a apărut în *Revue des Études Roumaines* (publicație a Fundației Carol de la Paris), tom XIII-XIV, 1979, pp. 65–90. Îmi procurasem, de la Academia de la Moscova, prin mijlocirea Centrului Cultural Franco-Nigerian din Niamey, o fotocopie a originalului acelui opuscul intitulat *Monarchiarum physica examinatio*, înmânat lui Petru cel Mare de către copilul Antioh Cantemir, la cererea tatălui său. Dimitrie Cantemir, prin acest eseu de filozofie a istoriei, bizuit esențial pe profețiile biblice ale lui Daniel, încerca să-l convingă pe țar că Rusia era desemnată chiar de Providență ca să fie a patra Împărăție Universală din Istorie... și implicit să-l îndemne a porni din nou lupta împotriva imperiului otoman.

Acest articol, în care cred că am adus idei noi – și îndeosebi o corectă traducere a titlului lucrării lui Cantemir –, n-a avut, din pricina apariției într-o revistă din exil, nici un ecou în România. Nici atunci, nici de atunci. Dar, mai cu seamă, domnul Constantinescu trebuie să fi avut cunoștință de lucrarea mea, destul de voluminoasă, *Le pays roumain entre Orient et Occident*. Pentru prelucrarea acestei cărți, între 1971 și 1988, am răsfoit întâi o mulțime de lucrări de referință obținute ori de la Biblioteca Română de la Freiburg, ori de la rude din țară. Apoi, odată întors în Europa, am petrecut luni și luni de zile în marile biblioteci din Franța, din Germania, din Anglia și din Statele Unite, pentru a descoperi scrierile străine despre țările noastre în epoca respectivă – aceasta deoarece nu apăruse încă prețioasa colecție, asigurată întâi de Maria Holban, Maria Matilda Alexandrescu-Dersca și Paul Cernovodeanu, *Călători străini despre Țările Române*. Lucrarea mea e destul de valabilă și originală ca să fi catadicsit, de la apariție, mai mulți „istorici de meserie" s-o citeze în bibliografiile cărților lor. Dar, pretinde domnul Constantinescu, eu m-am „trezit" la 50 de ani: „Dl N. Djuvara devine dintr-odată nu doar filozof al istoriei, ci pur și simplu istoric plurivalent." Domnul Constantinescu nu știa nici că Radu Rosetti – alt „amator de istorie", considerat totuși un mare istoric, n-a publicat istorie decât după vârsta de 60 de ani!

Dar să mai adaug și alte răutăți presărate în cursul acelei operații de dărâmare. De pildă, privitor la prezentarea tezei mele la Paris în 1972, scrie: „în treacăt fie spus, în afară de R. Aron [...], nici unul din membrii juriului nu figurează în acel *Dictionnaire des idées contemporaines*, sous la direction de Marcel Mourre, Éditions Universitaires, Paris, 1966"... insinuând astfel că m-am lăudat cu „un juriu de aur", în chip mincinos, ocolind însă precizarea că nu eu mă lăudasem, ci scrisesem în *Amintiri*: „Juriul era, *cum au spus unii* (s. mea), «de aur»" – într-adevăr, era expresia unuia dintre cei trei distinși istorici ai noștri de la Paris, mai tineri decât mine; cred că a fost Matei Cazacu, sau poate Nicoară Beldiceanu, sau Petre Năsturel. Apoi, felul de a arunca la periferie istorici atât de străluciți ca Henri-Irénée Marrou, cel mai distins istoric al începuturilor creștine – chiar acum, de curând, Les Éditions du Seuil au republicat cartea lui, *Saint Augustin et l'augustinisme* –, sau ca Alphose Dupront, fiindcă nu s-au găsit într-un *Dicționar al ideilor contemporane*, e cam ușuratic. Zisul dicționar nu cuprinde nume de istorici, care nu sunt considerați ca purtători de „idei contemporane“! Domnul Constantinescu caută doar cu lumânarea și cu îndârjire orice acuză ce mi-ar putea aduce, indiferent de armele folosite.

Această agresivitate viscerală domnul Nicolae Constantinescu a manifestat-o și în cea mai importantă lucrare a sa, *Curtea de Argeș, 1200–1400*, Editura Academiei RSR, 1984. Însărcinat, în 1967 să revizuiască importantul ansamblu de concluzii ale savanților care începuseră între 1920 și 1923 restaurarea Bisericii Domnești de la Curtea de Argeș și să facă săpături sub și în jurul mormintelor aflătoare în interiorul bisericii, domnul Constantinescu a încercat timp de mai mulți ani (1967–1973) să verifice acuratețea scrierilor apărute în 1923 în voluminosul tom al *Buletinului Comisiunii Monumentelor Istorice*, intitulat *Curtea Domnească din Argeș*, și în special a notelor istorice și arheologice ale lui Virgiliu Drăghiceanu, cu prețiosul său *Jurnal al săpăturilor*. Domnul Constantinescu, în cartea lui, dărâmă sistematic aproape toate concluziile lui Drăghiceanu. Desigur, unele observații ale sale sunt justificate. De pildă, afirmația sa „Pe locul supus cercetării, viața a pulsat începând din sec. al XII-lea“ însemna, și observația mi se pare cu totul justificată, că „cetatea“ Argeș, aleasă drept reședință („Cetate de Scaun“) de Thoctomer sau de Basarab, după Câmpulung, fusese deja leagănul voivodatului consemnat în 1247 în Diploma Ioaniţilor, ca fiind al lui Seneslau. Adaug o observaţie care cred că nu s-a făcut înainte de cartea mea *Thocomerius–Negru Vodă*[1], anume că Seneslau (Mstislav, Mişelav) n-a înfruntat atacul mongol, caz în care, foarte probabil, n-ar mai fi fost în viaţă, în 1247, pentru a fi semnalat în Diploma Ioaniţilor. Într-adevăr, cea mai sudică dintre coloanele mongolilor, după cronicarul persan Raşid od-Din, trecând de la sud de Carpaţi în Transilvania, „a intrat în pădurile şi în munţii Yapra Tag *la hotarul lui Mişelav*" (în traducerea franceză a cronicii: „*aux confins de*"), deci înainte de regiunea Argeş, probabil pe valea Teleajenului, care a fost calea comercială normală între Braşov şi Dunăre până în secolul al XIX-lea. Aşadar, Thoctomer sau Basarab trebuie să fi găsit „Cetatea Argeş" nedistrusă, ci doar atinsă de uzura timpului.

Alte afirmaţii ale domnului Constantinescu au fost însă contestate, de pildă, de Sergiu Iosipescu sau de Teresa Sinigalia. Eu însumi mă înscriu împotriva afirmaţiei sale că micul personaj care figurează sub imaginea Maicii Domnului în acea Deisis de deasupra intrării în naos ar fi Vladislav-Vlaicu, când majoritatea autorilor sunt acum de părere că-l reprezintă cu siguranţă pe tatăl său, Nicolae Alexandru. Dar, mai cu seamă, „atribuind" lui Vladislav-Vlaicu mormântul nr. 10, singurul intact, care tradiţional era atribuit lui „Negru Vodă" şi la care se făceau, până la restaurarea din anii 1920, slujbe anuale de comemorare, stârneşte legitime îndoieli. Chiar de este corectă atribuirea mormântului lui Vladislav, din a doua generaţie după

1. V. p. 37 jos.

Basarab și domn răzvrătit împotriva regelui Ungariei, domnul Nicolae Constantinescu nu comentează îmbrăcămintea lui ca de magnat ungur, nici pajura Basarabilor luată din scutul suzeranului ungur, nici *crucea latină* care se află pe latura de frunte a mormântului, și nici alte semne de pe tot înconjurul mormântului pe care unii observatori le consideră tipice pentru unele secte disidente catolice. În sfârșit, nu comentează câtuși de puțin prezența printre mormintele tuturor acestor membri din neamul Basarab a acelui Nan Udobă, cu dublu nume cuman și al cărui inel cu inscripții a stârnit curiozitatea unor observatori.

N-am evocat aici lucrarea majoră a domnului Constantinescu decât pentru a sublinia acea trăsătură negativă a caracterului său. Oricum, din cauza carențelor evocate în frazele precedente, *n-am mai citit, după aceea, nici o carte sau articol ale domnului Constantinescu.*

În fine, după cele două pagini de „atac la persoană", autorul nostru ajunge la subiect. Și ce găsim din primele rânduri? Două enormități: 1. Că l-am considerat pe personajul de pe copertă (cel reprezentat mic, la picioarele Maicii Domnului, în „scena *Deesis* pictată în luneta de deasupra intrării în naos" la Biserica Domnească) ca fiind Thocomerius, când eu, la paginile 206–207, îmi exprim clar părerea că e Nicolae Alexandru – ca și când n-ar fi citit cartea până la capăt. Iată cum, în chip pătimaș, eu apar în ochii cititorului unei publicații savante ca afirmând o prostie. 2. Se scandalizează și el de ortografia „voivod", zicând că e „de prisos îndemnul autorului de a respinge grafiile *voievod* sau *voevod*, atestate de majoritatea izvoarelor". Cum o dovedesc mai sus, se vede că savantul nostru afirmă superb lucruri absolut greșite, forma *voivod* apărând chiar pentru Basarab şi la mai multe locuri din primele veacuri, iar *voievod* aproape niciodată.

Urmează un alineat, de o jumătate de pagină, de o agresivitate pe care aş califica-o drept *furibundă*, în care îngrămădeşte toate învinuirile imaginabile: cartea mea ar dovedi „lipsă de discernământ“, „divagaţii de ordin geo-istoric“, „un fel de puzzle, adică un soi de talmeş-balmeş conţinând *ad libitum* un straniu şi incoerent amestec de fapte, constatări şi opinii, referinţe bibliografice, teme şi probleme etc., toate par aşezate cu furca şi «rezolvate» ad-hoc, cu varii interogaţii retorice şi dubii de circumstanţă“. Mă opresc. Aţi citit aici, repet, calificarea de către N. Constantinescu a cărţii mele (calificare potrivită pe alocuri mai curând scrierii sale).

Într-o mai veche lucrare a mea am sugerat că acei *feromoni* (sau *ferormoni*) pe care unele animale şi, mai cu seamă, insecte le elimină ca substanţe de semnalizare ar putea exista nu numai la mamifere superioare, dar şi la om. La cai şi la câini poate constata oricine cum provoacă vii simpatii şi antipatii furioase. Ei bine, cred că şi la noi din prima întâlnire pot apărea asemenea simţăminte. Astfel, pesemne că de prima oară când mi-a văzut figura la televizor sau de la prima pagină a mea pe care ar fi citit-o, domnul Nicolae Constantinescu a căpătat o violentă antipatie pentru persoana mea, pe care n-o mai poate stăpâni – altfel nu s-ar explica aspectul de adevărată furie pe care le au unele calificări ale sale. Dar nu e totul. După o altă pagină întreagă unde aduce împotriva mea martori iluştri – dar vechi de o sută, şi mai bine, de ani – precum Xenopol, Sacerdoţeanu, Tocilescu, Onciul, pentru a susţine traducerea termenului Thocomerius prin Tihomir sau Tugomir (ignorând, în schimb, părerile mai competente vechi de 50 de ani ale orientaliştilor Aurel Decei şi Lászlo Rásonyi, care au propus, ambii, Thoctomer), vine cu lovitura finală: *acuza de plagiat*! Sunt nevoit să citez pasajul integral: „Fapt este că autorul a avut sub ochi articolul meu din 1986, dovadă că i s-a năzărit şi d-sale să vorbească de Niccolò Luccari («star neutrale in quella guerra» etc. fiind vorba de episodul 1330 – Velbujd) [eu l-am descoperit pe Luccari citat în zeci de alte lucrări, nu de-abia în articolul dlui Constantinescu din 1986... pe care nu l-am citit!], urmându-l însă, privitor la invazia angevină, pe dl C. Rezachevici (în treacăt, căci nu voi reveni asupra momentului Iachint – 1359, tratat mai bine, socot, în articolul subsemnatului din *Argesis*, XI, 2002, pp. 137–142), N. Djuvara trece sub tăcere localizarea lui Iachint la Câmpulung, potrivit ipotezei neaşteptate a celui abia menţionat), *furt de-a binelea în materie de citare* [s. mea], de vreme ce la pp. 167–68 dă impresia că d-sa defrişează împrejurările venirii la tron a lui Basarab I (în condiţiile inimiciţiei regelui angevin – episodul Mehadia etc.), apoi în multe alte locuri, inclusiv referitor la menţiunea din *Chronicon pictum*, despre ultimele două zile ale războiului din 1330 – textual *feria sexta beati Martini et post in sequenti <feria secunda>* (p. 188!). Or, formularea redată ca atare, respectiv adaosul în paranteze unghiulare, aparţine subsemnatului, fiind preluată din varianta publicată în... SRH, I, p. 499 şi aflată întocmai în actul capitolului transilvan din 16.III.1931 (DRH, D/1, nr. 19, p. 42), ceea ce N. Dj. nu catadicseşte să menţioneze, ignorând, ca jurist de formaţie, principiul străvechi – *suum cuique tribuere, neminem* *laedere*. Meteahnă greu vindecabilă, desigur, dar deloc scuzabilă la atâtea pretenţii afişate *urbi et orbi*."

Eram învinuit o dată de „furt de-a binelea în materie de citare", apoi şi, *în fine, de plagiat!* Mi s-a urcat sângele la cap... Să-ţi poţi închipui că un om care poartă un nume cunoscut şi respectat şi care a dobândit, la rându-i, prin lucrările sale şi apariţiile în viaţa publică, o anumită faimă (nu importă aici de a şti dacă e meritată sau nu) ar fi putut, la bătrâneţe, să-şi spurce numele plagiindu-l pe domnul Constantinescu e doar dovadă de lipsa celei mai elementare psihologii şi simptom caracteristic de acrimonie maladivă.

Am avut totuşi curiozitatea să caut textul pe care domnul Constantinescu pretinde că l-aş fi plagiat. Reiau jumătatea de pagină de mai sus, atât de încâlcită şi de confuză (asta adevărat talmeş-balmeş), încât a trebuit s-o recitesc de mai multe ori pentru a înţelege ce anume zice că am copiat după dânsul. Înţeleg, în cele din urmă, că delictul meu ar consta în „formularea redată ca atare [a frazei latine din *Chronicon pictum*, anume *feria sexta beati Martini et post in sequenti <feria secunda>*], respectiv adaosul în paranteze unghiulare aparţine subsemnatului, fiind preluată din varianta [lui *Chronicon pictum*] publicată în „SRH, I, p. 499"...

Efectiv, la p. 188 din cartea mea se află citatul latin din *Chronicon pictum* în forma următoare: „*feria sexta beati Martini et post in sequenti <feria secunda>*". Ştiind oricum că nu citisem nici un articol al domnului Constantinescu, trebuia să regăsesc sursa mea, neapărat alta. Din fericire, nu arunc notele, notiţele, fiţuicile adunate pentru prelucrarea unei cărţi, în cazul prezent *Thocomerius–Negru*

Vodă. Golesc sacul cu pricina pe o masă mare și, după ore de căutare foaie cu foaie, dau de o fițuică de 3 cm pe 3 cm, cu acest conținut: „Sergiu Iosipescu, în *Constituirea statelor feudale românești*, p. 80, nota 270, *Chron. Pict.*, SRH, I, p. 497“... *Eureka! Din Iosipescu luasem citatul.* Verific grabnic articolul, în volumul colectiv *Constituirea statelor*... Rămâne însă un mister: acolo, la p. 88, cele două cuvinte *feria secunda* sunt efectiv trecute, dar nu sunt în paranteze unghiulare... A trebuit să am recurs la Sergiu Iosipescu în persoană pentru a elucida misterul, cu atât mai vârtos cu cât mă simțeam vinovat de un viciu de metodă – nu căutasem semnificația siglei SRH – prima dată când o întâlnisem, adică *Scriptores rerum hungaricarum*! Iată, deci, explicația:

În 1937, în colecția *Fontes* apăruseră textul și traducerea română aparținând savantului filolog Gh. Popa-Lisseanu a faimoasei cronici cunoscute sub numele de *Chronicon pictum* în care se află cea mai importantă sursă asupra episodului din noiembrie 1330, rămasă în istoriografia română cu numele de „bătălia de la Posada“. Acolo, oastea lui Basarab I a încolțit marea armată a regelui Ungariei, Carol Robert, într-o trecătoare a Carpaților, pricinuind un adevărat dezastru din care regele a scăpat cu greu și cu doar o parte din nobili, clerici și ostași. În recenzia sa la apariția colecției, Nicolae Iorga a semnalat că ar fi fost necesară consultarea manuscriselor, și să nu se procedeze numai la copierea edițiilor apărute anterior. Dovada justeței acestei observații a venit imediat: în 1937–1938, apărea la Budapesta seria *Scriptores rerum hungaricarum*, în ediția savantului Imre Szentpétery, în care se aduce o corectură fundamentală *Cronicii pictate* publicate în veacul al XIX-lea (tocmai ediția folosită de Popa-Lisseanu), precizându-se data prelungirii ciocnirii de la „Posada“, *feria secunda* (adică până la 12 noiembrie). Acest text completat din SRH a putut deci fi cunoscut de oricare cercetător după 1938. Oricum, în 1980, deci șase ani înainte de articolul domnului Constantinescu, Sergiu Iosipescu, în articolul său din lucrarea colectivă *Constituirea statelor feudale românești*, a folosit textul complet din SRH, ediția Szentpétery, reproducând și textul. Eu, când lucram la *Thocomerius–Negru Vodă,* avusesem întâi la îndemână doar textul cronicii publicat de Popa-Lisseanu, *am marcat atunci împreună cu Sergiu Iosipescu, pe fotocopia Cronicii în posesia lui*, așa cum se face, *cu paranteze unghiulare, cele două cuvinte adăugate în SRH.* Acest adaos nu marchează de altfel decât diferența dintre două ediții, cea folosită de Popa-Lisseanu și cea a lui Szentpétery (publicate întâmplător cam în același timp) și *nicidecum o intervenție a domnului Nicolae Constantinescu în 1986.* Acesta însă, în vanitatea lui oarbă, vrea să facă crezut că el a fost primul și singurul care să fi făcut acest fel de însemnare; și și-a permis, în consecință, să arunce asupra altui autor, din ură irațională și fără nici un temei, infamanta acuzație de plagiat! Ăsta e omul!

Nu cumva, ferească Sfântul, să comiteți solecismul de a confunda exclamația-mi răbufnită cu acel *Ecce homo* („Iată omul“) pe care Sfânta Evanghelie cea de la Ioan (19:5) îl pune în gura lui Pilat din Pont...

14. Radu Ştefan Vergatti

La mai bine de patru ani după apariţia primelor reacţii la cartea mea *Thocomerius–Negru Vodă*, iată că a mai apărut o lungă critică[1] într-o publicaţie bisericească sub semnătura cunoscutului istoric Radu Ştefan Vergatti. Articolul m-a surprins în măsura în care domnul Vergatti îmi apăruse până acum în toate lucrările sale ca foarte puţin dependent de ceea ce eu numesc *Vulgata* istoriografiei române. Punctez, de asemenea, tonul pasional de ataşament la confesiunea ortodoxă, ton pe care nu-l pot atribui doar faptului că articolul apare într-o publicaţie a arhiepiscopiei Argeşului, atât e de vehement. E clar că porneşte dintr-o profundă convingere personală.

Autorul reia toată literatura care, de la stolnicul Constantin Cantacuzino încoace, se străduieşte să tăgăduiască faptul că Thocomerius şi Basarab ar fi fost de origine cumană şi de rit catolic; începând prin a sugera că numele Tocomerius ar putea fi citit şi Totomerius, ceea ce l-ar

1. Radu Ştefan Vergatti, „Biserica ortodoxă şi primi basarabi“ [*sic!*], *Argeşul Ortodox – Duhovniceşti, 8 septembrie 2011* (http://www.eparhiaargesului.ro/arhiepiscopiaargesuluisimuscelului/index.php?view=articol…).

apropia de numele de Thatamerius, „al vicecancelarului curţii regale, praeposit de Alba-Iulia"...

Articolul, extrem de erudit şi amănunţit, adună toate argumentele ce se pot aduce pentru a dărâma construcţia argumentării lui Daniel Barbu privitoare la apartenenţa lui Basarab la confesiunea catolică („Pictura murală în Ţara Românească în secolul al XIV-lea", Bucureşti, 1986, *passim*; *idem*, „Sur le double nom du prince Nicolas-Alexandru", în *Revue Roumaine d'Histoire*, tom XXV, oct.–dec. 1986, pp. 287–300, *passim*; *idem*, „Rome, Byzance et les Roumains. Etudes sur la production politique de la foi au Moyen-Âge", Bucureşti, 1988, *passim*), argumentare pe care am adoptat-o categoric şi eu.

Vergatti pune accentul mai cu seamă pe orice argument ce s-ar putea trage chiar din documentele ungare, pentru a minimiza valoarea textelor papale care sunt expuse de Daniel Barbu (şi de alţii) pentru a susţine apartenenţa primilor doi domni Basarabi la ritul apusean. Adaug aici şi mirabilul argument pe care mi l-a dat mie odată Răzvan Theodorescu într-o discuţie privată, anume că papii retraşi la Avignon n-ar mai fi fost bine informaţi asupra treburilor din regatul Ungariei, ca şi când sutele de episcopi, nunţii apostolici şi misionari ai Bisericii Romane n-ar mai fi trimis rapoarte Sfântului Părinte fiindcă nu se mai afla la Roma!... Eu, în continuare, dau mai multă crezare vorbelor papei decât celor ale regelui Ungariei, care-l face pe Basarab *schismaticus*. Însă ipoteza cea mai verosimilă îmi pare a fi că Basarab Întemeietorul, ca orice diplomat şi mare om politic, a practicat constant tactica duplicităţii: faţă de masa supuşilor săi pravoslavnici s-a arătat întotdeauna respectuos şi vajnic păstrător al credinţei strămoșești a majorității românilor, pe când în raporturile sale cu reprezentanții papei se străduia, cu tot atâta convingere, să-i asigure pe aceștia de nestrămutata lui obediență față de religia în care fusese botezat; în neamul său, trebuie să fi fost a treia generație botezată, de la botezul în masă în 1228 al cumanilor din părțile noastre, de către arhiepiscopul de Strigonium.

Adaug, în fine, că, chiar dacă prin absurd ar fi cu adevărat dovedit că Basarab n-a fost niciodată catolic, ci dintotdeauna „credincios mădular al pravoslavnicei credințe", aceasta n-ar aduce implicit concluzia, cum încearcă tacit dl Vergatti să lase crezut, că nu coboară din spiță de șefi cumani. Apartenența, de la botez, la confesiunea romană nu e singurul argument pe care îl aducem în favoarea originii sale cumane, nici cel cu cea mai mare pondere. Domnul Vergatti eludează astfel toate celelalte indicii, care sunt și mai doveditoare: tată și fiu cu nume cuman (Thoctomer, Basaraba), caz pe care cea mai elementară onestitate intelectuală l-ar exclude din partea unui neam de cneji slavo-români, creștini de veacuri; pasionala declarație de admirație pentru Basarab, în Ungaria, din partea tânărului fiu al comitelui cuman Parabuh[1]; prezența insolită, în necropola domnească de la Argeș, a mormântului acelui Nan Udobă, cu dublu nume cuman; reliefurile, neexplicate până astăzi satisfăcător, de pe sarcofagul numerotat 10 în necropolă și zis tradițional „al lui Negru Vodă", în special crucea latină de la capătul sicriului. Toate aceste semne sunt și mai izbitoare și mai doveditoare dacă, așa cum crede Nicolae Constantinescu (pe care

1. *Cf. Thocomerius–Negru Vodă*, pp. 164–165.

îl citează autorul), mormântul ar fi al lui Vlaicu Vodă, la a treia generaţie după Basarab.

Din toate aceste motive – şi nu sunt exhaustive – lungul şi savantul articol al domnului Vergatti nu şubrezeşte câtuşi de puţin convingerea mea privitoare la originea cumană a lui Basarab I.

V
CRITICI CONSTRUCTIVE

15. Ştefan Andreescu

Chiar în volumul XXV din *Studii şi materiale de istorie medie* din anul 2007, când a apărut cartea mea, domnul Ştefan Andreescu, care conduce Secţia de medievistică la Institutul de Istorie „Nicolae Iorga", a publicat o recenzie a cărţii mele (pp. 284–285). Întâi apreciază capacitatea mea de a extrage esenţialul din enorma bibliografie a subiectului. Apoi subliniază un fapt care tocmai a scăpat majorităţii reprezentanţilor mass-media, care „au înţeles cu totul anapoda cele ce a vrut să spună autorul". (Aluzie la titlurile bombastice din presă, unde apăream cu toţii de origine cumană!) Citează într-adevăr pasajul din carte unde arăt deosebirea majoră dintre întemeierea Ţării Româneşti, în care au jucat un rol determinant, în mijlocul unei vaste comunităţi de limbă română, doar un mic grup de căpetenii cumane, în frunte cu Basarab, şi constituirea ţaratului bulgar de către un trib de sute de mii de năvălitori, cu hanul şi *boljarii* lor; sau constituirea regatului francez de o masă de barbari germani, francii salici, care, prin importanţa lor numerică, au marcat profund şi tipul uman, şi limba din Galia.

Domnul Andreescu nu este însă convins de afirmaţia că acel Thocomerius (recte Thoctomer) din documentul regal ungar din 1332 ar fi Negru Vodă, dar nici nu prezintă argumente potrivnice. *Unde are însă dreptate* este când scrie: „pe temeiul prezenţei în mai multe hrisoave târzii a formulei «am văzut domnia mea [...] carte de la mâna lui Negru voivod», autorul merge prea departe şi crede că ar fi existat hrisoave care în formula de intitulaţie ar fi avut numele «Negru Vodă»".

Remarca din urmă m-a pus într-adevăr pe gânduri. Dacă nu ne-a rămas nici un hrisov domnesc din lunga domnie a lui Basarab Întemeietorul, s-ar putea (afară de eventuale descoperiri ulterioare) să însemne că nici chiar el n-a avut încă o cancelarie, pe model bulgar, şi cu atât mai puţin Thoctomer, despre care nu avem dovezi să fi fost el primul „adunător" al voivodatelor şi cnezatelor dintre Carpaţi şi Dunăre şi primul numit „mare-voivod" (*veliki voivoda*), adică *primus inter pares* dintre căpeteniile din Valahia. Astfel încât pare exclus să fi existat hrisoave de danie către o mănăstire purtând pecetea unui Negru Vodă.

Totuşi, în timpul cercetărilor mele, căzusem pe un document tulburător: „la 22 aprilie 1647 (7155) Matei Basarab Vv. întăreşte mânăstirii Tismana [...] jumătate din vama de toate [...] dobândită de Nicodim, începătorul acestui lăcaş, danie de la domnii bătrâni, *văzând şi cărţile lui Negrul vv. din 1294* (6802), Dan vv., fiul lui Radul vv., din 1386 (6894); Mircea vv., din 1387 (6895)"... etc. (e rezumatul explicativ din *Catalogul documentelor Ţării Româneşti din Arhivele Naţionale*, vol. VI, doc. 800, p. 307).

Anul 1294 e, la prima vedere, excitant, fiind la trei ani după probabila „descălecare" din Făgăraş a legendarului Negru Vodă. Dar, la cugetare, ne dăm seama că e o imposibilitate: mânăstirea nu exista încă la acea dată, apoi saltul de la Negrul vv. (1294) la Dan vv. și Mircea vv., ambii fii ai lui Radu I (cca 1376–1385) arată fără nici o îndoială că avem de-a face cu o eroare de lectură (6802) (deja semnalată de mai mulți cercetători) și o confuzie între Radu Vodă și legendarul Negru Vodă, confuzie a călugărilor de la Tismana. Peste un veac și mai bine, va duce la sintagma de largă răspândire „Radu Negru Vodă“.

Mulțumită observației domnului Ștefan Andreescu, am reformulat pasajul criticat, în noua ediție a cărții *Thocomerius–Negru Vodă*.

16. Rodica Zafiu

În *România literară* din 7 septembrie 2007, cunoscuta profesoară de lingvistică Rodica Zafiu a publicat un lung şi interesant articol intitulat „Descălecare“, unde atacă viguros „raportarea la o dogmă şi la o grilă interpretativă ideologizată, în spirit fie marxist, fie, mai des, naţionalist. Nu mă refer neapărat la distorsiuni majore, ci la *formulări abile, care evitau implicaţiile neconvenabile* [s. mea]. Termeni ca *domn* sau *voi(e)vod*, *ungrovlah, descălecare* etc. au fost definiţi dintr-o perspectivă care privilegia ideile recomandabile în epocă (independenţă, continuitate), evitând asocierile cu noţiunea de vasalitate şi minimalizând conflictele de orice fel. *Descălecare* este cu siguranţă termenul cel mai interesant“. Autoarea preia aici o întreagă frază din cartea mea (pp. 133–134): „Faptul că verbul *a descăleca*, desemnând coborârea de pe cal, a luat la valahi, care s-au menţinut o mie de ani în aria neamului lor datorită adăpostului reprezentat de codrii deşi, sensul de *a cuceri*, *a coloniza*, *a întemeia* nu poate avea altă origine decât amintirea confuză a şirului de barbari, nomazi călări, care au venit pe rând să-i cotropească şi – vremelnic – să-i stăpânească.“ Mă bucură aprobarea acestei mari savante care, cu multă îndrăzneală, înfierează ocolişurile autorilor dicţionarelor noastre (cu excepţia, voi adăuga eu, a bătrânului Lazăr Şăineanu, care, după ce ne-a dat cel mai bun dicționar al limbii noastre și un număr considerabil de lucrări de valoare, a părăsit țara, scârbit de refuzul de a i se acorda cetățenia română!).

Autoarea scrie: „Cum stau lucrurile cu dicționarele românești? Se pare că definiția unui asemenea cuvânt trebuie să fie convenabilă istoric, să se potrivească imaginii standard despre întemeierea Țărilor Române, numai prin impus interior și din sincera dorință de unitate și armonie. Nu era cazul să se evoce ideea de *ocupare* cu forța a unui teritoriu, pentru că aceasta ar fi dat apă la moară inamicilor. Așadar, excluzând sensul prim – «a se da jos de pe cal» – ceea ce oferă dicționarele noastre este destul de limitat și monoton“ – și autoarea înșiră mai departe definițiile peste tot inversate, în toate marile noastre dicționare, adică sensul derivat pus în frunte... ca să fie conforme cu *Vulgata* istoriei naționale.

M-a reconfortat, așadar, articolul profesoarei Zafiu, care încheie astfel articolul: „În orice caz, citatele [în dicționare] din textele vechi spun în continuare mai mult decât definițiile: unul, din Cantemir (*Hronicul...*), vorbește de *descălecăturile* vandalilor, vizigoților și gepizilor. Iar la stolnicul Cantacuzino sunt dese utilizările care nu se pot reduce la clișeul «întemeierii»: «împresurând goții, vandalii, slovénii, hunii și alții ca aceștea și *călcând și descălecând mare parte a Evropei»...*“

17. Victor Rizescu

În *Observator cultural*, nr. 159 (417) din 3–9 aprilie 2008, domnul Victor Rizescu, de la Facultatea de Științe Politice și Administrative, are o pagină întreagă consacrată cărții mele, intitulată „Nonconformism oficial“. Fiindcă articolul apărea la vreo zece luni după lansarea cărții, autorul vine din prima frază cu interesanta afirmație: „Fie și intens mediatizate, revelațiile științifice și provocările culturale produc la noi trepidații polemice de foarte scurtă durată. O documentare cu scopuri didactice mă îndeamnă să revin asupra unuia dintre episoadele de acest fel consumate anul trecut și ale cărui reverberații par să se fi stins fără semne de a mai putea fi stârnite vreodată: e vorba de cartea *Thocomerius–Negru Vodă* [...] a lui Neagu Djuvara, menită să ne clatine veșnic identitatea colectivă prin teoria sa după care întemeietorii statului valah din secolul al XIV-lea au fost nobili turanici de religie catolică, și nu boieri români sau slavo-români ortodocși. Cei care au citit-o știu că spectaculozitatea concluziei este amplificată de nenumăratele dovezi aduse de autor în sprijinul ideii că reflexele naționaliste [...] le-au împiedicat în mod repetat pe autoritățile domeniului, fie ele clasice sau recente, să distingă cu claritate fapte și corelații de natura evidenței. Deși naționaliștii locului [...] s-au arătat mai degrabă adormiți și indiferenți față de insolența eruditului best seller, e de presupus că manualele școlare sau chiar universitare nu vor face loc prea curând noii viziuni. O asemenea perspectivă nu are cum să nu ne preocupe, căci cartea se încheie prin invocarea unui supărător nărav academic autohton: opiniile care «deranjează», se spune, sunt neutralizate nu prin critică, ci prin conspirația tăcerii. E un diagnostic la care subscriu."

Mărturisesc că simpatica și categorica aprobare a tezei mele de către domnul Rizescu în prima parte a articolului m-a încântat; dar iată că urmarea, mult mai lungă, a venit cu o critică gravă, pe care cu smerenie o accept în întregime: „e greu de înțeles de ce lucrarea, de acum cea mai cunoscută, ce se apleacă asupra interferențelor dintre istoria neamurilor din stepă și cea a românilor nu se referă la o teorie cu subiect înrudit, dar cu implicații poate mai ample, care nu a reușit nici ea să pătrundă în manuale" – și autorul îmi aduce învinuirea că nu am pomenit de Henri H. Stahl, care în mai multe lucrări de sociologie istorică afirmase că „statele românești medievale trebuie înțelese ca moștenitoare instituționale ale imperiilor stepei, cel al cumanilor [...] fiind ultima din aceste structuri fluide ce s-au succedat în spațiul pe care-l locuim".

Domnul Victor Rizescu înșiră titluri ca *Les anciennes communautés villageoise roumaines. Asservissement et pénétration capitaliste*, 1969; *Studii de sociologie istorică*, 1972; *Teorii și ipostaze privind sociologia orînduirii tributale*, 1980. Culmea e că eu am citit aceste lucrări cu cel mai viu interes, pe vremea când pregăteam, fiind încă pribeag departe de țară, cartea *Le pays roumain entre Orient et Occident*. Dar iată că, în graba de a isprăvi cât mai curând – dată fiind vârsta mea – lucrarea care mă obseda, privitoare la originea cumană a lui Basarab, mi-a scăpat din minte neîndoielnica rudenie dintre această problemă şi tezele susţinute de Henri H. Stahl. Aceasta cu atât mai uşor, cu cât nici unul dintre autorii consultaţi pentru tema principală nu-mi propusese această apropiere. Dar am dres această omisiune în noua ediţie a cărţii datorită interesantului articol al domnui Rizescu.

*

* *

Cu aceasta, am pus capăt truditei încercări de răspuns criticilor mei. Zic „trudite" din cauza inimaginabilei violenţe a tonului unora dintre critici. Aceasta este încă o dovadă că îndrăzneala de a afirma că la români, *aidoma tuturor celorlalte naţiuni din Europa*, primul stat medieval a fost întemeiat de un barbar atinge un nerv de o sensibilitate de-a dreptul maladivă. Trebuie neapărat să ne descotorosim de această meteahnă, dacă vrem cu adevărat *să intrăm în Europa.*

La urma urmei, nu revendic decât un singur merit, cel de a fi spart gheaţa. Sunt ca bătrânul căpitan de vas care, cu spărgătorul său de gheaţă, vechi şi ruginit, dar încă puternic, a deschis un lung canal într-o banchiză încremenită de un veac şi jumătate. Bătrânul căpitan se uită în spate şi se bucură să vadă înghesuindu-se în canal o sumedenie de vase mai moderne şi mai performante, în stare să facă noi descoperiri – se bucură, zic, cu o singură rezervă: ca mai tinerii căpitani ai acelor vase să nu meargă zicând în urma lor că ei sunt cei care au spart gheaţa.

Cuprins